# FRANCÉS
## VOCABULARIO

# ESPAÑOL-
# FRANCÉS

Las palabras más útiles
Para expandir su vocabulario y refinar
sus habilidades lingüísticas

**3000 palabras**

# Vocabulario Español-Francés - 3000 palabras más usadas
por Andrey Taranov

Los vocabularios de T&P Books buscan ayudar en el aprendizaje, la memorización y la revisión de palabras de idiomas extranjeros. El diccionario se divide por temas, cubriendo toda la esfera de las actividades cotidianas, de negocios, ciencias, cultura, etc.

El proceso de aprendizaje de palabras utilizando los diccionarios temáticos de T&P Books le proporcionará a usted las siguientes ventajas:

- La información del idioma secundario está organizada claramente y predetermina el éxito para las etapas subsiguientes en la memorización de palabras.
- Las palabras derivadas de la misma raíz se agrupan, lo cual permite la memorización de grupos de palabras en vez de palabras aisladas.
- Las unidades pequeñas de palabras facilitan el proceso de reconocimiento de enlaces de asociación que se necesitan para la cohesión del vocabulario.
- De este modo, se puede estimar el número de palabras aprendidas y así también el nivel de conocimiento del idioma.

T&P Books Publishing
www.tpbooks.com

ISBN: 978-1-78314-076-3

Este libro está disponible en formato electrónico o de E-Book también.
Visite www.tpbooks.com o las librerías electrónicas más destacadas en la Red.

# VOCABULARIO FRANCÉS
## palabras más usadas

Los vocabularios de T&P Books buscan ayudar al aprendiz a aprender, memorizar y repasar palabras de idiomas extranjeros. Los vocabularios contienen más de 3000 palabras comúnmente usadas y organizadas de manera temática.

* El vocabulario contiene las palabras corrientes más usadas.
* Se recomienda como ayuda adicional a cualquier curso de idiomas.
* Capta las necesidades de aprendices de nivel principiante y avanzado.
* Es conveniente para uso cotidiano, prácticas de revisión y actividades de auto-evaluación.
* Facilita la evaluación del vocabulario.

## Aspectos claves del vocabulario

* Las palabras se organizan según el significado, no según el orden alfabético.
* Las palabras se presentan en tres columnas para facilitar los procesos de repaso y auto-evaluación.
* Los grupos de palabras se dividen en pequeñas secciones para facilitar el proceso de aprendizaje.
* El vocabulario ofrece una transcripción sencilla y conveniente de cada palabra extranjera.

## El vocabulario contiene 101 temas que incluyen lo siguiente:

Conceptos básicos, números, colores, meses, estaciones, unidades de medidas, ropa y accesorios, comida y nutrición, restaurantes, familia nuclear, familia extendida, características de personalidad, sentimientos, emociones, enfermedades, la ciudad y el pueblo, exploración del paisaje, compras, finanzas, la casa, el hogar, la oficina, el trabajo en oficina, importación y exportación, promociones, búsqueda de trabajo, deportes, educación, computación, la red, herramientas, la naturaleza, los países, las nacionalidades y más ...

# TABLA DE CONTENIDO

# GUÍA DE PRONUNCIACIÓN

| La letra | Ejemplo francés | T&P alfabeto fonético | Ejemplo español |
|----------|-----------------|-----------------------|-----------------|

## Las vocales

| La letra | Ejemplo francés | T&P alfabeto fonético | Ejemplo español |
|----------|-----------------|-----------------------|-----------------|
| A a | cravate | [a] | radio |
| E e | mer | [ɛ] | mes |
| I i [1] | hier | [j] | asiento |
| I i [2] | musique | [i] | ilegal |
| O o | porte | [o], [ɔ] | bolsa |
| U u | rue | [y] | pluma |
| Y y [3] | yacht | [j] | asiento |
| Y y [4] | type | [i] | ilegal |

## Las consonantes

| La letra | Ejemplo francés | T&P alfabeto fonético | Ejemplo español |
|----------|-----------------|-----------------------|-----------------|
| B b | robe | [b] | en barco |
| C c [5] | place | [s] | salva |
| C c [6] | canard | [k] | charco |
| Ç ç | leçon | [s] | salva |
| D d | disque | [d] | desierto |
| F f | femme | [f] | golf |
| G g [7] | page | [ʒ] | adyacente |
| G g [8] | gare | [g] | jugada |
| H h | héros | [h] | [h] muda |
| J j | jour | [ʒ] | adyacente |
| K k | kilo | [k] | charco |
| L l | aller | [l] | lira |
| M m | maison | [m] | nombre |
| N n | nom | [n] | número |
| P p | papier | [p] | precio |
| Q q | cinq | [k] | charco |
| R r | mars | [r] | R francesa (gutural) |
| S s [9] | raison | [z] | desde |
| S s [10] | sac | [s] | salva |
| T t | table | [t] | torre |
| V v | verre | [v] | travieso |
| W w | Taïwan | [w] | acuerdo |
| X x [11] | expliquer | [ks] | taxi |
| X x [12] | exact | [gz] | inglés - exam |
| X x [13] | dix | [s] | salva |

| La letra | Ejemplo francés | T&P alfabeto fonético | Ejemplo español |
|---|---|---|---|
| X x [14] | dixième | [z] | desde |
| Z z | zéro | [z] | desde |

## Las combinaciones de letras

| | | | |
|---|---|---|---|
| ai | faire | [ɛ] | mes |
| au | faute | [o], [o:] | correa |
| ay | payer | [eɪ] | béisbol |
| ei | treize | [ɛ] | mes |
| eau | eau | [o], [o:] | correa |
| eu | beurre | [ø] | alemán - Hölle |
| œ | œil | [ø] | alemán - Hölle |
| œu | cœur | [ø:] | inglés - first |
| ou | nous | [u] | mundo |
| oi | noir | [wa] | aduanero |
| oy | voyage | [wa] | aduanero |
| qu | quartier | [k] | charco |
| | | | |
| ch | chat | [ʃ] | shopping |
| th | thé | [t] | torre |
| ph | photo | [f] | golf |
| gu [15] | guerre | [g] | jugada |
| ge [16] | géographie | [ʒ] | adyacente |
| gn | ligne | [ɲ] | leña |
| on, om | maison, nom | [ɔ̃] | [o] nasal |

## Comentarios

[1] delante de vocales
[2] en el resto de los casos
[3] delante de vocales
[4] en el resto de los casos
[5] delante de e, i, y
[6] en el resto de los casos
[7] delante de c, i, y
[8] en el resto de los casos
[9] entre dos vocales
[10] en el resto de los casos
[11] la mayoría de los casos
[12] rara vez
[13] en dix, six, soixante
[14] en dixième, sixième
[15] delante de e, i, u
[16] delante de a, o, y

# ABREVIATURAS
## usadas en el vocabulario

### Abreviatura en español

| | | |
|---|---|---|
| adj | - | adjetivo |
| adv | - | adverbio |
| anim. | - | animado |
| conj | - | conjunción |
| etc. | - | etcétera |
| f | - | sustantivo femenino |
| f pl | - | femenino plural |
| fam. | - | uso familiar |
| fem. | - | femenino |
| form. | - | uso formal |
| inanim. | - | inanimado |
| innum. | - | innumerable |
| m | - | sustantivo masculino |
| m pl | - | masculino plural |
| m, f | - | masculino, femenino |
| masc. | - | masculino |
| mat | - | matemáticas |
| mil. | - | militar |
| num. | - | numerable |
| p.ej. | - | por ejemplo |
| pl | - | plural |
| pron | - | pronombre |
| sg | - | singular |
| v aux | - | verbo auxiliar |
| vi | - | verbo intransitivo |
| vi, vt | - | verbo intransitivo, verbo transitivo |
| vr | - | verbo reflexivo |
| vt | - | verbo transitivo |

### Abreviatura en francés

| | | |
|---|---|---|
| adj | - | adjetivo |
| adv | - | adverbio |
| conj | - | conjunción |
| etc. | - | etcétera |
| f | - | sustantivo femenino |
| f pl | - | femenino plural |
| m | - | sustantivo masculino |

| | | |
|---|---|---|
| m pl | - | masculino plural |
| m, f | - | masculino, femenino |
| pl | - | plural |
| prep | - | preposición |
| pron | - | pronombre |
| v aux | - | verbo auxiliar |
| v imp | - | verbo impersonal |
| vi | - | verbo intransitivo |
| vi, vt | - | verbo intransitivo, verbo transitivo |
| vp | - | verbo pronominal |
| vt | - | verbo transitivo |

# CONCEPTOS BÁSICOS

## 1. Los pronombres

| | | |
|---|---|---|
| yo | je | [ʒə] |
| tú | tu | [ty] |
| él | il | [il] |
| ella | elle | [ɛl] |
| ello | ça | [sa] |
| nosotros, -as | nous | [nu] |
| vosotros, -as | vous | [vu] |
| ellos | ils | [il] |
| ellas | elles | [ɛl] |

## 2. Saludos. Salutaciones

| | | |
|---|---|---|
| ¡Hola! (fam.) | Bonjour! | [bɔ̃ʒur] |
| ¡Hola! (form.) | Bonjour! | [bɔ̃ʒur] |
| ¡Buenos días! | Bonjour! | [bɔ̃ʒur] |
| ¡Buenas tardes! | Bonjour! | [bɔ̃ʒur] |
| ¡Buenas noches! | Bonsoir! | [bɔ̃swar] |
| decir hola | dire bonjour | [dir bɔ̃ʒur] |
| ¡Hola! (a un amigo) | Salut! | [saly] |
| saludo (m) | salut (m) | [saly] |
| saludar (vt) | saluer (vt) | [salɥe] |
| ¿Cómo estáis? | Comment allez-vous? | [kɔmãtalevu] |
| ¿Cómo estás? | Comment ça va? | [kɔmã sa va] |
| ¿Qué hay de nuevo? | Quoi de neuf? | [kwa də nœf] |
| ¡Chau! ¡Adiós! | Au revoir! | [orəvwar] |
| ¡Hasta pronto! | À bientôt! | [a bjɛ̃to] |
| ¡Adiós! | Adieu! | [adjø] |
| despedirse (vr) | dire au revoir | [dir ərəvwar] |
| ¡Hasta luego! | Salut! | [saly] |
| ¡Gracias! | Merci! | [mɛrsi] |
| ¡Muchas gracias! | Merci beaucoup! | [mɛrsi boku] |
| De nada | Je vous en prie | [ʒə vuzãpri] |
| No hay de qué | Il n'y a pas de quoi | [il njapɑ də kwa] |
| De nada | Pas de quoi | [pɑ də kwa] |
| ¡Disculpa! | Excuse-moi! | [ɛkskyz mwa] |
| ¡Disculpe! | Excusez-moi! | [ɛkskyze mwa] |
| disculpar (vt) | excuser (vt) | [ɛkskyze] |
| disculparse (vr) | s'excuser (vp) | [sɛkskyze] |

| | | |
|---|---|---|
| Mis disculpas | Mes excuses | [me zɛkskyz] |
| ¡Perdóneme! | Pardonnez-moi! | [pardɔne mwa] |
| perdonar (vt) | pardonner (vt) | [pardɔne] |
| ¡No pasa nada! | C'est pas grave | [sepagrav] |
| por favor | s'il vous plaît | [silvuple] |
| | | |
| ¡No se le olvide! | N'oubliez pas! | [nublije pa] |
| ¡Ciertamente! | Bien sûr! | [bjɛ̃ sy:r] |
| ¡Claro que no! | Bien sûr que non! | [bjɛ̃ syr kə nõ] |
| ¡De acuerdo! | D'accord! | [dakɔr] |
| ¡Basta! | Ça suffit! | [sa syfi] |

## 3. Las preguntas

| | | |
|---|---|---|
| ¿Quién? | Qui? | [ki] |
| ¿Qué? | Quoi? | [kwa] |
| ¿Dónde? | Où? | [u] |
| ¿Adónde? | Où? | [u] |
| ¿De dónde? | D'où? | [du] |
| ¿Cuándo? | Quand? | [kɑ̃] |
| ¿Para qué? | Pourquoi? | [purkwa] |
| ¿Por qué? | Pourquoi? | [purkwa] |
| | | |
| ¿Por qué razón? | À quoi bon? | [a kwa bõ] |
| ¿Cómo? | Comment? | [kɔmɑ̃] |
| ¿Qué ...? (~ color) | Quel? | [kɛl] |
| ¿Cuál? | Lequel? | [ləkɛl] |
| | | |
| ¿A quién? | À qui? | [a ki] |
| ¿De quién? (~ hablan ...) | De qui? | [də ki] |
| ¿De qué? | De quoi? | [də kwa] |
| ¿Con quién? | Avec qui? | [avɛk ki] |
| | | |
| ¿Cuánto? | Combien? | [kõbjɛ̃] |
| ¿De quién? (~ es este ...) | À qui? | [a ki] |

## 4. Las preposiciones

| | | |
|---|---|---|
| con ... (~ algn) | avec ... (prep) | [avɛk] |
| sin ... (~ azúcar) | sans ... (prep) | [sɑ̃] |
| a ... (p.ej. voy a México) | à ... (prep) | [a] |
| de ... (hablar ~) | de ... (prep) | [də] |
| antes de ... | avant ... (prep) | [avɑ̃] |
| delante de ... | devant ... (prep) | [dəvɑ̃] |
| | | |
| debajo de ... | sous ... (prep) | [su] |
| sobre ..., encima de ... | au-dessus de ... (prep) | [odsy də] |
| en, sobre (~ la mesa) | sur ... (prep) | [syr] |
| de (origen) | de ... (prep) | [də] |
| de (fabricado de) | en ... (prep) | [ɑ̃] |
| dentro de ... | dans ... (prep) | [dɑ̃] |
| encima de ... | par dessus ... (prep) | [par dəsy] |

## 5. Las palabras útiles. Los adverbios. Unidad 1

| | | |
|---|---|---|
| ¿Dónde? | Où? | [u] |
| aquí (adv) | ici (adv) | [isi] |
| allí (adv) | là-bas (adv) | [laba] |

| | | |
|---|---|---|
| en alguna parte | quelque part (adv) | [kɛlkə par] |
| en ninguna parte | nulle part (adv) | [nyl par] |

| | | |
|---|---|---|
| junto a ... | près de ... (prep) | [prɛ də] |
| junto a la ventana | près de la fenêtre | [prɛdə la fənɛtr] |

| | | |
|---|---|---|
| ¿A dónde? | Où? | [u] |
| aquí (venga ~) | ici (adv) | [isi] |
| allí (vendré ~) | là-bas (adv) | [laba] |
| de aquí (adv) | d'ici (adv) | [disi] |
| de allí (adv) | de là-bas (adv) | [də laba] |

| | | |
|---|---|---|
| cerca (no lejos) | près (adv) | [prɛ] |
| lejos (adv) | loin (adv) | [lwɛ̃] |

| | | |
|---|---|---|
| cerca de ... | près de ... | [prɛ də] |
| al lado (de ...) | tout près (adv) | [tu prɛ] |
| no lejos (adv) | pas loin (adv) | [pa lwɛ̃] |

| | | |
|---|---|---|
| izquierdo (adj) | gauche (adj) | [goʃ] |
| a la izquierda (situado ~) | à gauche (adv) | [agoʃ] |
| a la izquierda (girar ~) | à gauche (adv) | [agoʃ] |

| | | |
|---|---|---|
| derecho (adj) | droit (adj) | [drwa] |
| a la derecha (situado ~) | à droite (adv) | [adrwat] |
| a la derecha (girar) | à droite (adv) | [adrwat] |

| | | |
|---|---|---|
| delante (yo voy ~) | devant (adv) | [dəvɑ̃] |
| delantero (adj) | de devant (adj) | [də dəvɑ̃] |
| adelante (movimiento) | en avant (adv) | [ɑn avɑ̃] |

| | | |
|---|---|---|
| detrás de ... | derrière (adv) | [dɛrjɛr] |
| desde atrás | par derrière (adv) | [par dɛrjɛr] |
| atrás (da un paso ~) | en arrière (adv) | [ɑn arjɛr] |

| | | |
|---|---|---|
| centro (m), medio (m) | milieu (m) | [miljø] |
| en medio (adv) · | au milieu (adv) | [omiljø] |

| | | |
|---|---|---|
| de lado (adv) | de côté (adv) | [də kote] |
| en todas partes | partout (adv) | [partu] |
| alrededor (adv) | autour (adv) | [otur] |

| | | |
|---|---|---|
| de dentro (adv) | de l'intérieur | [də lɛ̃terjœr] |
| a alguna parte | quelque part (adv) | [kɛlkə par] |
| todo derecho (adv) | tout droit (adv) | [tu drwa] |
| atrás (muévelo para ~) | en arrière (adv) | [ɑn arjɛr] |

| | | |
|---|---|---|
| de alguna parte (adv) | de quelque part | [də kɛlkə par] |
| no se sabe de dónde | de quelque part | [də kɛlkə par] |

| | | |
|---|---|---|
| primero (adv) | premièrement (adv) | [prəmjɛrmɑ̃] |
| segundo (adv) | deuxièmement (adv) | [døzjɛmmɑ̃] |
| tercero (adv) | troisièmement (adv) | [trwazjɛmmɑ̃] |

| | | |
|---|---|---|
| de súbito (adv) | soudain (adv) | [sudɛ̃] |
| al principio (adv) | au début (adv) | [odeby] |
| por primera vez | pour la première fois | [pur la prəmjɛr fwa] |
| mucho tiempo antes ... | bien avant ... | [bjɛn avɑ̃] |
| de nuevo (adv) | de nouveau (adv) | [də nuvo] |
| para siempre (adv) | pour toujours (adv) | [pur tuʒur] |

| | | |
|---|---|---|
| jamás, nunca (adv) | jamais (adv) | [ʒamɛ] |
| de nuevo (adv) | de nouveau, encore (adv) | [də nuvo], [ɑ̃kɔr] |
| ahora (adv) | maintenant (adv) | [mɛ̃tnɑ̃] |
| frecuentemente (adv) | souvent (adv) | [suvɑ̃] |
| entonces (adv) | alors (adv) | [alɔr] |
| urgentemente (adv) | d'urgence (adv) | [dyrʒɑ̃s] |
| usualmente (adv) | d'habitude (adv) | [dabityd] |

| | | |
|---|---|---|
| a propósito, ... | à propos, ... | [aprɔpo] |
| es probable | c'est possible | [sepɔsibl] |
| probablemente (adv) | probablement (adv) | [prɔbabləmɑ̃] |
| tal vez | peut-être (adv) | [pøtɛtr] |
| además ... | en plus, ... | [ɑ̃plys] |
| por eso ... | c'est pourquoi ... | [se purkwa] |
| a pesar de ... | malgré ... | [malgre] |
| gracias a ... | grâce à ... | [gras a] |

| | | |
|---|---|---|
| qué (pron) | quoi (pron) | [kwa] |
| que (conj) | que (conj) | [kə] |
| algo (~ le ha pasado) | quelque chose (pron) | [kɛlkə ʃoz] |
| algo (~ así) | quelque chose (pron) | [kɛlkə ʃoz] |
| nada (f) | rien | [rjɛ̃] |

| | | |
|---|---|---|
| quien | qui (pron) | [ki] |
| alguien (viene ~) | quelqu'un (pron) | [kɛlkœ̃] |
| alguien (¿ha llamado ~?) | quelqu'un (pron) | [kɛlkœ̃] |

| | | |
|---|---|---|
| nadie | personne (pron) | [pɛrsɔn] |
| a ninguna parte | nulle part (adv) | [nyl par] |
| de nadie | de personne | [də pɛrsɔn] |
| de alguien | de n'importe qui | [də nɛ̃pɔrt ki] |

| | | |
|---|---|---|
| tan, tanto (adv) | comme ça (adv) | [kɔmsa] |
| también (~ habla francés) | également (adv) | [egalmɑ̃] |
| también (p.ej. Yo ~) | aussi (adv) | [osi] |

## 6. Las palabras útiles. Los adverbios. Unidad 2

| | | |
|---|---|---|
| ¿Por qué? | Pourquoi? | [purkwa] |
| no se sabe porqué | pour une certaine raison | pur yn sɛrtɛn rɛzɔ̃] |
| porque ... | parce que ... | [parskə] |
| por cualquier razón (adv) | pour une raison quelconque | [pur yn rɛzɔ̃ kɛlkɔ̃k] |

| | | |
|---|---|---|
| y (p.ej. uno y medio) | et (conj) | [e] |
| o (p.ej. té o café) | ou (conj) | [u] |
| pero (p.ej. me gusta, ~) | mais (conj) | [mɛ] |
| para (p.ej. es para ti) | pour ... (prep) | [pur] |
| | | |
| demasiado (adv) | trop (adv) | [tro] |
| sólo, solamente (adv) | seulement (adv) | [sœlmã] |
| exactamente (adv) | précisément (adv) | [presizemã] |
| unos ..., | près de ... (prep) | [prɛ də] |
| cerca de ... (~ 10 kg) | | |
| | | |
| aproximadamente | approximativement | [aprɔksimativmã] |
| aproximado (adj) | approximatif (adj) | [aprɔksimatif] |
| casi (adv) | presque (adv) | [prɛsk] |
| resto (m) | reste (m) | [rɛst] |
| | | |
| el otro (adj) | l'autre (adj) | [lotr] |
| otro (p.ej. el otro día) | autre (adj) | [otr] |
| cada (adj) | chaque (adj) | [ʃak] |
| cualquier (adj) | n'importe quel (adj) | [nɛ̃pɔrt kɛl] |
| mucho (adv) | beaucoup (adv) | [boku] |
| muchos (mucha gente) | beaucoup de gens | [boku də ʒã] |
| todos | tous | [tus] |
| | | |
| a cambio de ... | en échange de ... | [ɑn eʃãʒ də ...] |
| en cambio (adv) | en échange (adv) | [ɑn eʃãʒ] |
| a mano (hecho ~) | à la main (adv) | [alamɛ̃] |
| poco probable | peu probable | [pø prɔbabl] |
| | | |
| probablemente | probablement (adv) | [prɔbabləmã] |
| a propósito (adv) | exprès (adv) | [ɛksprɛ] |
| por accidente (adv) | par accident (adv) | [par aksidã] |
| | | |
| muy (adv) | très (adv) | [trɛ] |
| por ejemplo (adv) | par exemple (adv) | [par ɛgzãp] |
| entre (~ nosotros) | entre ... (prep) | [ãtr] |
| entre (~ otras cosas) | parmi ... (prep) | [parmi] |
| tanto (~ gente) | autant (adv) | [otã] |
| especialmente (adv) | surtout (adv) | [syrtu] |

# NÚMEROS. MISCELÁNEA

## 7. Números cardinales. Unidad 1

| | | |
|---|---|---|
| cero | zéro | [zero] |
| uno | un | [œ̃] |
| dos | deux | [dø] |
| tres | trois | [trwa] |
| cuatro | quatre | [katr] |
| cinco | cinq | [sɛ̃k] |
| seis | six | [sis] |
| siete | sept | [sɛt] |
| ocho | huit | [ɥit] |
| nueve | neuf | [nœf] |
| diez | dix | [dis] |
| once | onze | [ɔ̃z] |
| doce | douze | [duz] |
| trece | treize | [trɛz] |
| catorce | quatorze | [katɔrz] |
| quince | quinze | [kɛ̃z] |
| dieciséis | seize | [sɛz] |
| diecisiete | dix-sept | [disɛt] |
| dieciocho | dix-huit | [dizɥit] |
| diecinueve | dix-neuf | [diznœf] |
| veinte | vingt | [vɛ̃] |
| veintiuno | vingt et un | [vɛ̃teœ̃] |
| veintidós | vingt-deux | [vɛ̃tdø] |
| veintitrés | vingt-trois | [vɛ̃trwa] |
| treinta | trente | [trɑ̃t] |
| treinta y uno | trente et un | [trɑ̃teœ̃] |
| treinta y dos | trente-deux | [trɑ̃t dø] |
| treinta y tres | trente-trois | [trɑ̃t trwa] |
| cuarenta | quarante | [karɑ̃t] |
| cuarenta y uno | quarante et un | [karɑ̃teœ̃] |
| cuarenta y dos | quarante-deux | [karɑ̃t dø] |
| cuarenta y tres | quarante-trois | [karɑ̃t trwa] |
| cincuenta | cinquante | [sɛ̃kɑ̃t] |
| cincuenta y uno | cinquante et un | [sɛ̃kɑ̃teœ̃] |
| cincuenta y dos | cinquante-deux | [sɛ̃kɑ̃t dø] |
| cincuenta y tres | cinquante-trois | [sɛ̃kɑ̃t trwa] |
| sesenta | soixante | [swasɑ̃t] |
| sesenta y uno | soixante et un | [swasɑ̃teœ̃] |

| sesenta y dos | soixante-deux | [swasãt dø] |
| sesenta y tres | soixante-trois | [swasãt trwa] |

| setenta | soixante-dix | [swasãtdis] |
| setenta y uno | soixante et onze | [swasãte õz] |
| setenta y dos | soixante-douze | [swasãt duz] |
| setenta y tres | soixante-treize | [swasãt trɛz] |

| ochenta | quatre-vingts | [katrəvɛ̃] |
| ochenta y uno | quatre-vingt et un | [katrəvɛ̃teœ̃] |
| ochenta y dos | quatre-vingt deux | [katrəvɛ̃ dø] |
| ochenta y tres | quatre-vingt trois | [katrəvɛ̃ trwa] |

| noventa | quatre-vingt-dix | [katrəvɛ̃dis] |
| noventa y uno | quatre-vingt et onze | [katrəvɛ̃ teõz] |
| noventa y dos | quatre-vingt-douze | [katrəvɛ̃ duz] |
| noventa y tres | quatre-vingt-treize | [katrəvɛ̃ trɛz] |

## 8. Números cardinales. Unidad 2

| cien | cent | [sã] |
| doscientos | deux cents | [dø sã] |
| trescientos | trois cents | [trwa sã] |
| cuatrocientos | quatre cents | [katr sã] |
| quinientos | cinq cents | [sɛ̃k sã] |

| seiscientos | six cents | [si sã] |
| setecientos | sept cents | [sɛt sã] |
| ochocientos | huit cents | [ɥi sã] |
| novecientos | neuf cents | [nœf sã] |

| mil | mille | [mil] |
| dos mil | deux mille | [dø mil] |
| tres mil | trois mille | [trwa mil] |
| diez mil | dix mille | [di mil] |
| cien mil | cent mille | [sã mil] |
| millón (m) | million (m) | [miljõ] |
| mil millones | milliard (m) | [miljar] |

## 9. Números ordinales

| primero (adj) | premier (adj) | [prəmje] |
| segundo (adj) | deuxième (adj) | [døzjɛm] |
| tercero (adj) | troisième (adj) | [trwazjɛm] |
| cuarto (adj) | quatrième (adj) | [katrijɛm] |
| quinto (adj) | cinquième (adj) | [sɛ̃kjɛm] |

| sexto (adj) | sixième (adj) | [sizjɛm] |
| séptimo (adj) | septième (adj) | [sɛtjɛm] |
| octavo (adj) | huitième (adj) | [ɥitjɛm] |
| noveno (adj) | neuvième (adj) | [nœvjɛm] |
| décimo (adj) | dixième (adj) | [dizjɛm] |

# LOS COLORES. LAS UNIDADES DE MEDIDA

## 10. Los colores

| | | |
|---|---|---|
| color (m) | couleur (f) | [kulœr] |
| matiz (m) | teinte (f) | [tɛ̃t] |
| tono (m) | ton (m) | [tɔ̃] |
| arco (m) iris | arc-en-ciel (m) | [arkɑ̃sjɛl] |
| | | |
| blanco (adj) | blanc (adj) | [blɑ̃] |
| negro (adj) | noir (adj) | [nwar] |
| gris (adj) | gris (adj) | [gri] |
| | | |
| verde (adj) | vert (adj) | [vɛr] |
| amarillo (adj) | jaune (adj) | [ʒon] |
| rojo (adj) | rouge (adj) | [ruʒ] |
| | | |
| azul (adj) | bleu (adj) | [blø] |
| azul claro (adj) | bleu clair (adj) | [blø klɛr] |
| rosa (adj) | rose (adj) | [roz] |
| naranja (adj) | orange (adj) | [ɔrɑ̃ʒ] |
| violeta (adj) | violet (adj) | [vjɔlɛ] |
| marrón (adj) | brun (adj) | [brœ̃] |
| | | |
| dorado (adj) | d'or (adj) | [dɔr] |
| argentado (adj) | argenté (adj) | [arʒɑ̃te] |
| | | |
| beige (adj) | beige (adj) | [bɛʒ] |
| crema (adj) | crème (adj) | [krɛm] |
| turquesa (adj) | turquoise (adj) | [tyrkwaz] |
| rojo cereza (adj) | rouge cerise (adj) | [ruʒ səriz] |
| lila (adj) | lilas (adj) | [lila] |
| carmesí (adj) | framboise (adj) | [frɑ̃bwaz] |
| | | |
| claro (adj) | clair (adj) | [klɛr] |
| oscuro (adj) | foncé (adj) | [fɔ̃se] |
| vivo (adj) | vif (adj) | [vif] |
| | | |
| de color (lápiz ~) | de couleur (adj) | [də kulœr] |
| en colores (película ~) | en couleurs (adj) | [ɑ̃ kulœr] |
| blanco y negro (adj) | noir et blanc (adj) | [nwar e blɑ̃] |
| unicolor (adj) | unicolore (adj) | [ynikɔlɔr] |
| multicolor (adj) | multicolore (adj) | [myltikɔlɔr] |

## 11. Las unidades de medida

| | | |
|---|---|---|
| peso (m) | poids (m) | [pwa] |
| longitud (f) | longueur (f) | [lɔ̃gœr] |

| anchura (f) | largeur (f) | [larʒœr] |
| altura (f) | hauteur (f) | [otœr] |
| profundidad (f) | profondeur (f) | [prɔfɔ̃dœr] |
| volumen (m) | volume (m) | [vɔlym] |
| área (f) | aire (f) | [ɛr] |

| gramo (m) | gramme (m) | [gram] |
| miligramo (m) | milligramme (m) | [miligram] |
| kilogramo (m) | kilogramme (m) | [kilɔgram] |
| tonelada (f) | tonne (f) | [tɔn] |
| libra (f) | livre (f) | [livr] |
| onza (f) | once (f) | [ɔ̃s] |

| metro (m) | mètre (m) | [mɛtr] |
| milímetro (m) | millimètre (m) | [milimɛtr] |
| centímetro (m) | centimètre (m) | [sãtimɛtr] |
| kilómetro (m) | kilomètre (m) | [kilɔmɛtr] |
| milla (f) | mille (m) | [mil] |

| pulgada (f) | pouce (m) | [pus] |
| pie (m) | pied (m) | [pje] |
| yarda (f) | yard (m) | [jard] |

| metro (m) cuadrado | mètre (m) carré | [mɛtr kare] |
| hectárea (f) | hectare (m) | [ɛktar] |

| litro (m) | litre (m) | [litr] |
| grado (m) | degré (m) | [dəgre] |
| voltio (m) | volt (m) | [vɔlt] |
| amperio (m) | ampère (m) | [ãpɛr] |
| caballo (m) de fuerza | cheval-vapeur (m) | [ʃəvalvapœr] |

| cantidad (f) | quantité (f) | [kãtite] |
| un poco de ... | un peu de ... | [œ̃ pø də] |
| mitad (f) | moitié (f) | [mwatje] |
| docena (f) | douzaine (f) | [duzɛn] |
| pieza (f) | pièce (f) | [pjɛs] |

| dimensión (f) | dimension (f) | [dimãsjɔ̃] |
| escala (f) (del mapa) | échelle (f) | [eʃɛl] |

| mínimo (adj) | minimal (adj) | [minimal] |
| el más pequeño (adj) | le plus petit (adj) | [lə ply pəti] |
| medio (adj) | moyen (adj) | [mwajɛ̃] |
| máximo (adj) | maximal (adj) | [maksimal] |
| el más grande (adj) | le plus grand (adj) | [lə ply grã] |

## 12. Contenedores

| tarro (m) de vidrio | bocal (m) en verre | [bɔkal ã vɛr] |
| lata (f) de hojalata | boîte, canette (f) | [bwat], [kanɛt] |
| cubo (m) | seau (m) | [so] |
| barril (m) | tonneau (m) | [tɔno] |
| palangana (f) | bassine, cuvette (f) | [basin], [kyvɛt] |

| | | |
|---|---|---|
| tanque (m) | cuve (f) | [kyv] |
| petaca (f) (de alcohol) | flasque (f) | [flask] |
| bidón (m) de gasolina | jerrican (m) | [ʒerikan] |
| cisterna (f) | citerne (f) | [sitɛrn] |
| | | |
| taza (f) (mug de cerámica) | tasse (f), mug (m) | [tɑs], [mʌg] |
| taza (f) (~ de café) | tasse (f) | [tɑs] |
| platillo (m) | soucoupe (f) | [sukup] |
| vaso (m) (~ de agua) | verre (m) | [vɛr] |
| copa (f) (~ de vino) | verre (m) à vin | [vɛr ɑ vɛ̃] |
| olla (f) | faitout (m) | [fɛtu] |
| | | |
| botella (f) | bouteille (f) | [butɛj] |
| cuello (m) de botella | goulot (m) | [gulo] |
| | | |
| garrafa (f) | carafe (f) | [karaf] |
| jarro (m) (~ de agua) | pichet (m) | [piʃɛ] |
| recipiente (m) | récipient (m) | [resipjɑ̃] |
| tarro (m) | pot (m) | [po] |
| florero (m) | vase (m) | [vaz] |
| | | |
| frasco (m) (~ de perfume) | flacon (m) | [flakɔ̃] |
| frasquito (m) | fiole (f) | [fjɔl] |
| tubo (m) | tube (m) | [tyb] |
| | | |
| saco (m) (~ de azúcar) | sac (m) | [sak] |
| bolsa (f) (~ plástica) | sac (m) | [sak] |
| paquete (m) (~ de cigarrillos) | paquet (m) | [pakɛ] |
| | | |
| caja (f) | boîte (f) | [bwat] |
| cajón (m) (~ de madera) | caisse (f) | [kɛs] |
| cesta (f) | panier (m) | [panje] |

# LOS VERBOS MÁS IMPORTANTES

## 13. Los verbos más importantes. Unidad 1

| | | |
|---|---|---|
| abrir (vt) | ouvrir (vt) | [uvrir] |
| acabar, terminar (vt) | finir (vt) | [finir] |
| aconsejar (vt) | conseiller (vt) | [kɔ̃seje] |
| adivinar (vt) | deviner (vt) | [dəvine] |
| advertir (vt) | avertir (vt) | [avɛrtir] |
| alabarse, jactarse (vr) | se vanter (vp) | [sə vɑ̃te] |

| | | |
|---|---|---|
| almorzar (vi) | déjeuner (vi) | [deʒœne] |
| alquilar (~ una casa) | louer (vt) | [lwe] |
| amenazar (vt) | menacer (vt) | [mənase] |
| arrepentirse (vr) | regretter (vt) | [rəgrɛte] |
| ayudar (vt) | aider (vt) | [ede] |
| bañarse (vr) | se baigner (vp) | [sə beɲe] |
| bromear (vi) | plaisanter (vi) | [plɛzɑ̃te] |
| buscar (vt) | chercher (vt) | [ʃɛrʃe] |
| caer (vi) | tomber (vi) | [tɔ̃be] |
| callarse (vr) | rester silencieux | [rɛste silɑ̃sjø] |
| cambiar (vt) | changer (vt) | [ʃɑ̃ʒe] |
| castigar, punir (vt) | punir (vt) | [pynir] |
| cavar (vt) | creuser (vt) | [krøze] |
| cazar (vi, vt) | chasser (vi, vt) | [ʃase] |
| cenar (vi) | dîner (vi) | [dine] |
| cesar (vt) | cesser (vt) | [sese] |
| coger (vt) | attraper (vt) | [atrape] |
| comenzar (vt) | commencer (vt) | [kɔmɑ̃se] |

| | | |
|---|---|---|
| comparar (vt) | comparer (vt) | [kɔ̃pare] |
| comprender (vt) | comprendre (vt) | [kɔ̃prɑ̃dr] |
| confiar (vt) | avoir confiance | [avwar kɔ̃fjɑ̃s] |
| confundir (vt) | confondre (vt) | [kɔ̃fɔ̃dr] |
| conocer (~ a alguien) | connaître (vt) | [kɔnɛtr] |
| contar (vt) (enumerar) | compter (vi, vt) | [kɔ̃te] |

| | | |
|---|---|---|
| contar con ... | compter sur ... | [kɔ̃te syr] |
| continuar (vt) | continuer (vt) | [kɔ̃tinɥe] |
| controlar (vt) | contrôler (vt) | [kɔ̃trole] |
| correr (vi) | courir (vt) | [kurir] |
| costar (vt) | coûter (vt) | [kute] |
| crear (vt) | créer (vt) | [kree] |

## 14. Los verbos más importantes. Unidad 2

| | | |
|---|---|---|
| dar (vt) | donner (vt) | [dɔne] |
| dar una pista | donner un indice | [dɔne ynɛ̃dis] |

| decir (vt) | dire (vt) | [dir] |
| decorar (para la fiesta) | décorer (vt) | [dekɔre] |

| defender (vt) | défendre (vt) | [defãdr] |
| dejar caer | faire tomber | [fɛr tõbe] |
| desayunar (vi) | prendre le petit déjeuner | [prãdr ləpti deʒœne] |
| descender (vi) | descendre (vi) | [desãdr] |

| dirigir (administrar) | diriger (vt) | [diriʒe] |
| disculpar (vt) | excuser (vt) | [ɛkskyze] |
| disculparse (vr) | s'excuser (vp) | [sɛkskyze] |
| discutir (vt) | discuter (vt) | [diskyte] |
| dudar (vt) | douter (vt) | [dute] |

| encontrar (hallar) | trouver (vt) | [truve] |
| engañar (vi, vt) | tromper (vt) | [trõpe] |
| entrar (vi) | entrer (vi) | [ãtre] |
| enviar (vt) | envoyer (vt) | [ãvwaje] |

| equivocarse (vr) | se tromper (vp) | [sə trõpe] |
| escoger (vt) | choisir (vt) | [ʃwazir] |
| esconder (vt) | cacher (vt) | [kaʃe] |
| escribir (vt) | écrire (vt) | [ekrir] |
| esperar (aguardar) | attendre (vt) | [atãdr] |
| esperar (tener esperanza) | espérer (vi) | [ɛspere] |
| estar de acuerdo | être d'accord | [ɛtr dakɔr] |
| estudiar (vt) | étudier (vt) | [etydje] |

| exigir (vt) | exiger (vt) | [ɛgziʒe] |
| existir (vi) | exister (vi) | [ɛgziste] |
| explicar (vt) | expliquer (vt) | [ɛksplike] |
| faltar (a las clases) | manquer (vt) | [mãke] |
| firmar (~ el contrato) | signer (vt) | [siɲe] |

| girar (~ a la izquierda) | tourner (vi) | [turne] |
| gritar (vi) | crier (vi) | [krije] |
| guardar (conservar) | garder (vt) | [garde] |
| gustar (vi) | plaire (vt) | [plɛr] |
| hablar (vi, vt) | parler (vi, vt) | [parle] |

| hacer (vt) | faire (vt) | [fɛr] |
| informar (vt) | informer (vt) | [ɛ̃fɔrme] |
| insistir (vi) | insister (vi) | [ɛ̃siste] |
| insultar (vt) | insulter (vt) | [ɛ̃sylte] |

| interesarse (vr) | s'intéresser (vp) | [sɛ̃terese] |
| invitar (vt) | inviter (vt) | [ɛ̃vite] |
| ir (a pie) | aller (vi) | [ale] |
| jugar (divertirse) | jouer (vt) | [ʒwe] |

## 15. Los verbos más importantes. Unidad 3

| leer (vi, vt) | lire (vi, vt) | [lir] |
| liberar (ciudad, etc.) | libérer (vt) | [libere] |

| | | |
|---|---|---|
| llamar (por ayuda) | appeler (vt) | [aple] |
| llegar (vi) | venir (vi) | [vənir] |
| llorar (vi) | pleurer (vi) | [plœre] |
| | | |
| matar (vt) | tuer (vt) | [tɥe] |
| mencionar (vt) | mentionner (vt) | [mɑ̃sjɔne] |
| mostrar (vt) | montrer (vt) | [mɔ̃tre] |
| nadar (vi) | nager (vi) | [naʒe] |
| | | |
| negarse (vr) | se refuser (vp) | [sə rəfyze] |
| objetar (vt) | objecter (vt) | [ɔbʒɛkte] |
| observar (vt) | observer (vt) | [ɔpsɛrve] |
| oír (vt) | entendre (vt) | [ɑ̃tɑ̃dr] |
| | | |
| olvidar (vt) | oublier (vt) | [ublije] |
| orar (vi) | prier (vt) | [prije] |
| ordenar (mil.) | ordonner (vt) | [ɔrdɔne] |
| pagar (vi, vt) | payer (vi, vt) | [peje] |
| pararse (vr) | s'arrêter (vp) | [sarete] |
| | | |
| participar (vi) | participer à ... | [partisipe a] |
| pedir (ayuda, etc.) | demander (vt) | [dəmɑ̃de] |
| pedir (en restaurante) | commander (vt) | [kɔmɑ̃de] |
| pensar (vi, vt) | penser (vi, vt) | [pɑ̃se] |
| | | |
| percibir (ver) | apercevoir (vt) | [apɛrsəvwar] |
| perdonar (vt) | pardonner (vt) | [pardɔne] |
| permitir (vt) | permettre (vt) | [pɛrmɛtr] |
| pertenecer a ... | appartenir à ... | [apartənir a] |
| | | |
| planear (vt) | planifier (vt) | [planifje] |
| poder (v aux) | pouvoir (v aux) | [puvwar] |
| poseer (vt) | posséder (vt) | [pɔsede] |
| preferir (vt) | préférer (vt) | [prefere] |
| preguntar (vt) | demander (vt) | [dəmɑ̃de] |
| | | |
| preparar (la cena) | préparer (vt) | [prepare] |
| prever (vt) | prévoir (vt) | [prevwar] |
| probar, tentar (vt) | essayer (vt) | [eseje] |
| prometer (vt) | promettre (vt) | [prɔmɛtr] |
| pronunciar (vt) | prononcer (vt) | [prɔnɔ̃se] |
| | | |
| proponer (vt) | proposer (vt) | [prɔpoze] |
| quebrar (vt) | casser (vt) | [kase] |
| quejarse (vr) | se plaindre (vp) | [sə plɛ̃dr] |
| querer (amar) | aimer (vt) | [eme] |
| querer (desear) | vouloir (vt) | [vulwar] |

## 16. Los verbos más importantes. Unidad 4

| | | |
|---|---|---|
| recomendar (vt) | recommander (vt) | [rəkɔmɑ̃de] |
| regañar, reprender (vt) | gronder (vt), réprimander (vt) | [grɔ̃de], [reprimɑ̃de] |
| reírse (vr) | rire (vi) | [rir] |
| repetir (vt) | répéter (vt) | [repete] |

| | | |
|---|---|---|
| reservar (~ una mesa) | réserver (vt) | [rezɛrve] |
| responder (vi, vt) | répondre (vi, vt) | [repõdr] |
| | | |
| robar (vt) | voler (vt) | [vɔle] |
| saber (~ algo mas) | savoir (vt) | [savwar] |
| salir (vi) | sortir (vi) | [sɔrtir] |
| salvar (vt) | sauver (vt) | [sove] |
| seguir ... | suivre (vt) | [sɥivr] |
| sentarse (vr) | s'asseoir (vp) | [saswar] |
| | | |
| ser necesario | être nécessaire | [ɛtr nesesɛr] |
| ser, estar (vi) | être (vi) | [ɛtr] |
| significar (vt) | signifier (vt) | [siɲifje] |
| sonreír (vi) | sourire (vi) | [surir] |
| sorprenderse (vr) | s'étonner (vp) | [setɔne] |
| | | |
| subestimar (vt) | sous-estimer (vt) | [suzɛstime] |
| tener (vt) | avoir (vt) | [avwar] |
| tener hambre | avoir faim | [avwar fɛ̃] |
| tener miedo | avoir peur | [avwar pœr] |
| | | |
| tener prisa | être pressé | [ɛtr prese] |
| tener sed | avoir soif | [avwar swaf] |
| tirar, disparar (vi) | tirer (vi) | [tire] |
| tocar (con las manos) | toucher (vt) | [tuʃe] |
| tomar (vt) | prendre (vt) | [prɑ̃dr] |
| tomar nota | prendre en note | [prɑ̃dr ɑ̃ nɔt] |
| | | |
| trabajar (vi) | travailler (vi) | [travaje] |
| traducir (vt) | traduire (vt) | [tradɥir] |
| unir (vt) | réunir (vt) | [reynir] |
| vender (vt) | vendre (vt) | [vɑ̃dr] |
| ver (vt) | voir (vt) | [vwar] |
| volar (pájaro, avión) | voler (vi) | [vɔle] |

# LA HORA. EL CALENDARIO

## 17. Los días de la semana

| | | |
|---|---|---|
| lunes (m) | lundi (m) | [lœ̃di] |
| martes (m) | mardi (m) | [mardi] |
| miércoles (m) | mercredi (m) | [mɛrkrədi] |
| jueves (m) | jeudi (m) | [ʒødi] |
| viernes (m) | vendredi (m) | [vãdrədi] |
| sábado (m) | samedi (m) | [samdi] |
| domingo (m) | dimanche (m) | [dimãʃ] |
| hoy (adv) | aujourd'hui (adv) | [oʒurdɥi] |
| mañana (adv) | demain (adv) | [dəmɛ̃] |
| pasado mañana | après-demain (adv) | [aprɛdmɛ̃] |
| ayer (adv) | hier (adv) | [ijɛr] |
| anteayer (adv) | avant-hier (adv) | [avãtjɛr] |
| día (m) | jour (m) | [ʒur] |
| día (m) de trabajo | jour (m) ouvrable | [ʒur uvrabl] |
| día (m) de fiesta | jour (m) férié | [ʒur ferje] |
| día (m) de descanso | jour (m) de repos | [ʒur də rəpo] |
| fin (m) de semana | week-end (m) | [wikɛnd] |
| todo el día | toute la journée | [tut la ʒurne] |
| al día siguiente | le lendemain | [lãdmɛ̃] |
| dos días atrás | il y a 2 jours | [ilja də ʒur] |
| en vísperas (adv) | la veille | [la vɛj] |
| diario (adj) | quotidien (adj) | [kɔtidjɛ̃] |
| cada día (adv) | tous les jours | [tu le ʒur] |
| semana (f) | semaine (f) | [səmɛn] |
| semana (f) pasada | la semaine dernière | [la səmɛn dɛrnjɛr] |
| semana (f) que viene | la semaine prochaine | [la səmɛn prɔʃɛn] |
| semanal (adj) | hebdomadaire (adj) | [ɛbdɔmadɛr] |
| cada semana (adv) | chaque semaine | [ʃak səmɛn] |
| 2 veces por semana | 2 fois par semaine | [dø fwa par səmɛn] |
| todos los martes | tous les mardis | [tu le mardi] |

## 18. Las horas. El día y la noche

| | | |
|---|---|---|
| mañana (f) | matin (m) | [matɛ̃] |
| por la mañana | le matin | [lə matɛ̃] |
| mediodía (m) | midi (m) | [midi] |
| por la tarde | dans l'après-midi | [dã laprɛmidi] |
| noche (f) | soir (m) | [swar] |
| por la noche | le soir | [lə swar] |

| | | |
|---|---|---|
| noche (f) (p.ej. 2:00 a.m.) | nuit (f) | [nɥi] |
| por la noche | la nuit | [la nɥi] |
| medianoche (f) | minuit (f) | [minɥi] |

| | | |
|---|---|---|
| segundo (m) | seconde (f) | [səgɔ̃d] |
| minuto (m) | minute (f) | [minyt] |
| hora (f) | heure (f) | [œr] |
| media hora (f) | demi-heure (f) | [dəmijœr] |
| cuarto (m) de hora | un quart d'heure | [œ̃ kar dœr] |
| quince minutos | quinze minutes | [kɛ̃z minyt] |
| veinticuatro horas | vingt-quatre heures | [vɛ̃tkatr œr] |

| | | |
|---|---|---|
| salida (f) del sol | lever (m) du soleil | [ləve dy sɔlɛj] |
| amanecer (m) | aube (f) | [ob] |
| madrugada (f) | point (m) du jour | [pwɛ̃ dy ʒur] |
| puesta (f) del sol | coucher (m) du soleil | [kuʃe dy sɔlɛj] |

| | | |
|---|---|---|
| de madrugada | tôt le matin | [to lə matɛ̃] |
| esta mañana | ce matin | [sə matɛ̃] |
| mañana por la mañana | demain matin | [dəmɛ̃ matɛ̃] |

| | | |
|---|---|---|
| esta tarde | cet après-midi | [sɛt aprɛmidi] |
| por la tarde | dans l'après-midi | [dɑ̃ laprɛmidi] |
| mañana por la tarde | demain après-midi | [dəmɛn aprɛmidi] |

| | | |
|---|---|---|
| esta noche (p.ej. 8:00 p.m.) | ce soir | [sə swar] |
| mañana por la noche | demain soir | [dəmɛ̃ swar] |

| | | |
|---|---|---|
| a las tres en punto | à trois heures précises | [a trwa zœr presiz] |
| a eso de las cuatro | autour de quatre heures | [otur də katr œr] |
| para las doce | vers midi | [vɛr midi] |

| | | |
|---|---|---|
| dentro de veinte minutos | dans 20 minutes | [dɑ̃ vɛ̃ minyt] |
| dentro de una hora | dans une heure | [dɑ̃zyn œr] |
| a tiempo (adv) | à temps | [a tɑ̃] |

| | | |
|---|---|---|
| ... menos cuarto | ... moins le quart | [mwɛ̃ lə kar] |
| durante una hora | en une heure | [ɑnyn œr] |
| cada quince minutos | tous les quarts d'heure | [tu le kar dœr] |
| día y noche | 24 heures sur 24 | [vɛ̃tkatr œr syr vɛ̃tkatr] |

## 19. Los meses. Las estaciones

| | | |
|---|---|---|
| enero (m) | janvier (m) | [ʒɑ̃vje] |
| febrero (m) | février (m) | [fevrije] |
| marzo (m) | mars (m) | [mars] |
| abril (m) | avril (m) | [avril] |
| mayo (m) | mai (m) | [mɛ] |
| junio (m) | juin (m) | [ʒɥɛ̃] |

| | | |
|---|---|---|
| julio (m) | juillet (m) | [ʒɥijɛ] |
| agosto (m) | août (m) | [ut] |
| septiembre (m) | septembre (m) | [separemɑ̃] |
| octubre (m) | octobre (m) | [ɔktɔbr] |

| | | |
|---|---|---|
| noviembre (m) | novembre (m) | [nɔvɑ̃br] |
| diciembre (m) | décembre (m) | [desɑ̃br] |
| | | |
| primavera (f) | printemps (m) | [prɛ̃tɑ̃] |
| en primavera | au printemps | [oprɛ̃tɑ̃] |
| de primavera (adj) | de printemps (adj) | [də prɛ̃tɑ̃] |
| | | |
| verano (m) | été (m) | [ete] |
| en verano | en été | [ɑn ete] |
| de verano (adj) | d'été (adj) | [dete] |
| | | |
| otoño (m) | automne (m) | [otɔn] |
| en otoño | en automne | [ɑn otɔn] |
| de otoño (adj) | d'automne (adj) | [dotɔn] |
| | | |
| invierno (m) | hiver (m) | [ivɛr] |
| en invierno | en hiver | [ɑn ivɛr] |
| de invierno (adj) | d'hiver (adj) | [divɛr] |
| | | |
| mes (m) | mois (m) | [mwa] |
| este mes | ce mois | [sə mwa] |
| al mes siguiente | le mois prochain | [lə mwa prɔʃɛ̃] |
| el mes pasado | le mois dernier | [lə mwa dɛrnje] |
| | | |
| hace un mes | il y a un mois | [ilja œ̃ mwa] |
| dentro de un mes | dans un mois | [dɑ̃zœn mwa] |
| dentro de dos meses | dans 2 mois | [dɑ̃ dø mwa] |
| todo el mes | tout le mois | [tu lə mwa] |
| todo un mes | tout un mois | [t́utœ̃ mwa] |
| | | |
| mensual (adj) | mensuel (adj) | [mɑ̃sɥɛl] |
| mensualmente (adv) | mensuellement | [mɑ̃sɥɛlmɑ̃] |
| cada mes | chaque mois | [ʃak mwa] |
| dos veces por mes | 2 fois par mois | [dø fwa par mwa] |
| | | |
| año (m) | année (f) | [ane] |
| este año | cette année | [sɛt ane] |
| el próximo año | l'année prochaine | [lane prɔʃɛn] |
| el año pasado | l'année dernière | [lane dɛrnjɛr] |
| | | |
| hace un año | il y a un an | [ilja œnɑ̃] |
| dentro de un año | dans un an | [dɑ̃zœn ɑ̃] |
| dentro de dos años | dans deux ans | [dɑ̃ dø zɑ̃] |
| todo el año | toute l'année | [tut lane] |
| todo un año | toute une année | [tutyn ane] |
| | | |
| cada año | chaque année | [ʃak ane] |
| anual (adj) | annuel (adj) | [anɥɛl] |
| anualmente (adv) | annuellement | [anɥɛlmɑ̃] |
| cuatro veces por año | quatre fois par an | [katr fwa parɑ̃] |
| | | |
| fecha (f) (la ~ de hoy es …) | date (f) | [dat] |
| fecha (f) (~ de entrega) | date (f) | [dat] |
| calendario (m) | calendrier (m) | [kalɑ̃drije] |
| medio año (m) | six mois | [si mwa] |
| seis meses | semestre (m) | [səmɛstr] |

| | | |
|---|---|---|
| estación (f) | saison (f) | [sɛzõ] |
| siglo (m) | siècle (m) | [sjɛkl] |

# EL VIAJE. EL HOTEL

## 20. El viaje. Viajar

| | | |
|---|---|---|
| turismo (m) | tourisme (m) | [turism] |
| turista (m) | touriste (m) | [turist] |
| viaje (m) | voyage (m) | [vwajaʒ] |
| aventura (f) | aventure (f) | [avãtyr] |
| viaje (m) | voyage (m) | [vwajaʒ] |
| | | |
| vacaciones (f pl) | vacances (f pl) | [vakãs] |
| estar de vacaciones | être en vacances | [ɛtr ã vakãs] |
| descanso (m) | repos (m) | [rəpo] |
| | | |
| tren (m) | train (m) | [trɛ̃] |
| en tren | en train | [ã trɛ̃] |
| avión (m) | avion (m) | [avjɔ̃] |
| en avión | en avion | [an avjɔ̃] |
| en coche | en voiture | [ã vwatyr] |
| en barco | en bateau | [ã bato] |
| | | |
| equipaje (m) | bagage (m) | [bagaʒ] |
| maleta (f) | malle (f) | [mal] |
| carrito (m) de equipaje | chariot (m) | [ʃarjo] |
| | | |
| pasaporte (m) | passeport (m) | [paspɔr] |
| visado (m) | visa (m) | [viza] |
| billete (m) | ticket (m) | [tikɛ] |
| billete (m) de avión | billet (m) d'avion | [bijɛ davjɔ̃] |
| | | |
| guía (f) (libro) | guide (m) | [gid] |
| mapa (m) | carte (f) | [kart] |
| área (m) (~ rural) | région (f) | [reʒjɔ̃] |
| lugar (m) | endroit (m) | [ãdrwa] |
| | | |
| exotismo (m) | exotisme (m) | [ɛgzɔtism] |
| exótico (adj) | exotique (adj) | [ɛgzɔtik] |
| asombroso (adj) | étonnant (adj) | [etɔnã] |
| | | |
| grupo (m) | groupe (m) | [grup] |
| excursión (f) | excursion (f) | [ɛkskyrsjɔ̃] |
| guía (m) (persona) | guide (m) | [gid] |

## 21. El hotel

| | | |
|---|---|---|
| hotel (m) | hôtel (m) | [otɛl] |
| motel (m) | motel (m) | [mɔtɛl] |
| de tres estrellas | 3 étoiles | [trwa zetwal] |

| de cinco estrellas | 5 étoiles | [sɛ̃k etwal] |
| hospedarse (vr) | descendre (vi) | [desɑ̃dr] |

| habitación (f) | chambre (f) | [ʃɑ̃br] |
| habitación (f) individual | chambre (f) simple | [ʃɑ̃br sɛ̃pl] |
| habitación (f) doble | chambre (f) double | [ʃɑ̃br dubl] |
| reservar una habitación | réserver une chambre | [rezɛrve yn ʃɑ̃br] |

| media pensión (f) | demi-pension (f) | [dəmipɑ̃sjɔ̃] |
| pensión (f) completa | pension (f) complète | [pɑ̃sjɔ̃ kɔ̃plɛt] |

| con baño | avec une salle de bain | [avɛk yn saldəbɛ̃] |
| con ducha | avec une douche | [avɛk yn duʃ] |
| televisión (f) satélite | télévision (f) par satellite | [televizjɔ̃ par satelit] |
| climatizador (m) | climatiseur (m) | [klimatizœr] |
| toalla (f) | serviette (f) | [sɛrvjɛt] |
| llave (f) | clé, clef (f) | [kle] |

| administrador (m) | administrateur (m) | [administratœr] |
| camarera (f) | femme (f) de chambre | [fam də ʃɑ̃br] |
| maletero (m) | porteur (m) | [pɔrtœr] |
| portero (m) | portier (m) | [pɔrtje] |

| restaurante (m) | restaurant (m) | [rɛstɔrɑ̃] |
| bar (m) | bar (m) | [bar] |
| desayuno (m) | petit déjeuner (m) | [pəti deʒœne] |
| cena (f) | dîner (m) | [dine] |
| buffet (m) libre | buffet (m) | [byfɛ] |

| vestíbulo (m) | hall (m) | [ol] |
| ascensor (m) | ascenseur (m) | [asɑ̃sœr] |

| NO MOLESTAR | PRIÈRE DE NE PAS DÉRANGER | [prijɛr dənəpa derɑ̃ʒe] |
| PROHIBIDO FUMAR | DÉFENSE DE FUMER | [defɑ̃s də fyme] |

## 22. La exploración del paisaje

| monumento (m) | monument (m) | [mɔnymɑ̃] |
| fortaleza (f) | forteresse (f) | [fɔrtərɛs] |
| palacio (m) | palais (m) | [palɛ] |
| castillo (m) | château (m) | [ʃato] |
| torre (f) | tour (f) | [tur] |
| mausoleo (m) | mausolée (m) | [mozɔle] |

| arquitectura (f) | architecture (f) | [arʃitɛktyr] |
| medieval (adj) | médiéval (adj) | [medjeval] |
| antiguo (adj) | ancien (adj) | [ɑ̃sjɛ̃] |
| nacional (adj) | national (adj) | [nasjɔnal] |
| conocido (adj) | connu (adj) | [kɔny] |

| turista (m) | touriste (m) | [turist] |
| guía (m) (persona) | guide (m) | [gid] |
| excursión (f) | excursion (f) | [ɛkskyrsjɔ̃] |

| mostrar (vt) | montrer (vt) | [mõtre] |
| contar (una historia) | raconter (vt) | [rakõte] |

| encontrar (hallar) | trouver (vt) | [truve] |
| perderse (vr) | se perdre (vp) | [sə pɛrdr] |
| plano (m) (~ de metro) | plan (m) | [plã] |
| mapa (m) (~ de la ciudad) | carte (f) | [kart] |

| recuerdo (m) | souvenir (m) | [suvnir] |
| tienda (f) de regalos | boutique (f) de souvenirs | [butik də suvnir] |
| hacer fotos | prendre en photo | [prãdr ã fɔto] |
| fotografiarse (vr) | se faire prendre en photo | [sə fɛr prãdr ã fɔto] |

# EL TRANSPORTE

## 23. El aeropuerto

| | | |
|---|---|---|
| aeropuerto (m) | aéroport (m) | [aeropɔr] |
| avión (m) | avion (m) | [avjɔ̃] |
| compañía (f) aérea | compagnie (f) aérienne | [kɔ̃paɲi aerjɛn] |
| controlador (m) aéreo | contrôleur (m) aérien | [kɔ̃trolœr aerjɛ̃] |
| despegue (m) | départ (m) | [depar] |
| llegada (f) | arrivée (f) | [arive] |
| llegar (en avión) | arriver (vi) | [arive] |
| hora (f) de salida | temps (m) de départ | [tã də depar] |
| hora (f) de llegada | temps (m) d'arrivée | [tã darive] |
| retrasarse (vr) | être retardé | [ɛtr rətarde] |
| retraso (m) de vuelo | retard (m) de l'avion | [rətar də lavjɔ̃] |
| pantalla (f) de información | tableau (m) d'informations | [tablo dɛ̃fɔrmasjɔ̃] |
| información (f) | information (f) | [ɛ̃fɔrmasjɔ̃] |
| anunciar (vt) | annoncer (vt) | [anɔ̃se] |
| vuelo (m) | vol (m) | [vɔl] |
| aduana (f) | douane (f) | [dwan] |
| aduanero (m) | douanier (m) | [dwanje] |
| declaración (f) de aduana | déclaration (f) de douane | [deklarasjɔ̃ də dwan] |
| rellenar (vt) | remplir (vt) | [rãplir] |
| rellenar la declaración | remplir la déclaration | [rãplir la deklarasjɔ̃] |
| control (m) de pasaportes | contrôle (m) de passeport | [kɔ̃trol də paspɔr] |
| equipaje (m) | bagage (m) | [bagaʒ] |
| equipaje (m) de mano | bagage (m) à main | [bagaʒ a mɛ̃] |
| carrito (m) de equipaje | chariot (m) | [ʃarjo] |
| aterrizaje (m) | atterrissage (m) | [aterisaʒ] |
| pista (f) de aterrizaje | piste (f) d'atterrissage | [pist daterisaʒ] |
| aterrizar (vi) | atterrir (vi) | [aterir] |
| escaleras (f pl) (de avión) | escalier (m) d'avion | [ɛskalje davjɔ̃] |
| facturación (f) (check-in) | enregistrement (m) | [ãrəʒistrəmã] |
| mostrador (m) de facturación | comptoir (m) d'enregistrement | [kɔ̃twar dãrəʒistrəmã] |
| hacer el check-in | s'enregistrer (vp) | [sãrəʒistre] |
| tarjeta (f) de embarque | carte (f) d'embarquement | [kart dãbarkəmã] |
| puerta (f) de embarque | porte (f) d'embarquement | [pɔrt dãbarkəmã] |
| tránsito (m) | transit (m) | [trãzit] |
| esperar (aguardar) | attendre (vt) | [atãdr] |

| zona (f) de preembarque | salle (f) d'attente | [sal datɑ̃t] |
| despedir (vt) | raccompagner (vt) | [rakɔ̃paɲe] |
| despedirse (vr) | dire au revoir | [dir ərəvwar] |

## 24. El avión

| avión (m) | avion (m) | [avjɔ̃] |
| billete (m) de avión | billet (m) d'avion | [bijɛ davjɔ̃] |
| compañía (f) aérea | compagnie (f) aérienne | [kɔ̃paɲi aerjɛn] |
| aeropuerto (m) | aéroport (m) | [aeropɔr] |
| supersónico (adj) | supersonique (adj) | [sypɛrsɔnik] |

| comandante (m) | commandant (m) de bord | [kɔmɑ̃dɑ̃ də bɔr] |
| tripulación (f) | équipage (m) | [ekipaʒ] |
| piloto (m) | pilote (m) | [pilɔt] |
| azafata (f) | hôtesse (f) de l'air | [otɛs də lɛr] |
| navegador (m) | navigateur (m) | [navigatœr] |

| alas (f pl) | ailes (f pl) | [ɛl] |
| cola (f) | queue (f) | [kø] |
| cabina (f) | cabine (f) | [kabin] |
| motor (m) | moteur (m) | [mɔtœr] |

| tren (m) de aterrizaje | train (m) d'atterrissage | [trɛ̃ daterisaʒ] |
| turbina (f) | turbine (f) | [tyrbin] |

| hélice (f) | hélice (f) | [elis] |
| caja (f) negra | boîte (f) noire | [bwat nwar] |

| timón (m) | gouvernail (m) | [guvɛrnaj] |
| combustible (m) | carburant (m) | [karbyrɑ̃] |

| instructivo (m) de seguridad | consigne (f) de sécurité | [kɔ̃siɲ də sekyrite] |
| respirador (m) de oxígeno | masque (m) à oxygène | [mask a ɔksiʒɛn] |
| uniforme (m) | uniforme (m) | [ynifɔrm] |

| chaleco (m) salvavidas | gilet (m) de sauvetage | [ʒilɛ də sovtaʒ] |
| paracaídas (m) | parachute (m) | [paraʃyt] |

| despegue (m) | décollage (m) | [dekɔlaʒ] |
| despegar (vi) | décoller (vi) | [dekɔle] |
| pista (f) de despegue | piste (f) de décollage | [pist dekɔlaʒ] |

| visibilidad (f) | visibilité (f) | [vizibilite] |
| vuelo (m) | vol (m) | [vɔl] |

| altura (f) | altitude (f) | [altityd] |
| pozo (m) de aire | trou (m) d'air | [tru dɛr] |

| asiento (m) | place (f) | [plas] |
| auriculares (m pl) | écouteurs (m pl) | [ekutœr] |
| mesita (f) plegable | tablette (f) | [tablɛt] |
| ventana (f) | hublot (m) | [yblo] |
| pasillo (m) | couloir (m) | [kulwar] |

## 25. El tren

| | | |
|---|---|---|
| tren (m) | train (m) | [trɛ̃] |
| tren (m) eléctrico | train (m) de banlieue | [trɛ̃ də bɑ̃ljø] |
| tren (m) rápido | TGV (m) | [teʒeve] |
| locomotora (f) diésel | locomotive (f) diesel | [lɔkɔmɔtiv djezɛl] |
| tren (m) de vapor | locomotive (f) à vapeur | [lɔkɔmɔtiv a vapœr] |
| coche (m) | wagon (m) | [vagɔ̃] |
| coche (m) restaurante | wagon-restaurant (m) | [vagɔ̃rɛstɔrɑ̃] |
| rieles (m pl) | rails (m pl) | [raj] |
| ferrocarril (m) | chemin (m) de fer | [ʃəmɛ̃ də fɛr] |
| traviesa (f) | traverse (f) | [travɛrs] |
| plataforma (f) | quai (m) | [kɛ] |
| vía (f) | voie (f) | [vwa] |
| semáforo (m) | sémaphore (m) | [semafɔr] |
| estación (f) | station (f) | [stasjɔ̃] |
| maquinista (m) | conducteur (m) de train | [kɔ̃dyktœr də trɛ̃] |
| maletero (m) | porteur (m) | [pɔrtœr] |
| mozo (m) del vagón | steward (m) | [stiwart] |
| pasajero (m) | passager (m) | [pɑsaʒe] |
| revisor (m) | contrôleur (m) | [kɔ̃trolœr] |
| corredor (m) | couloir (m) | [kulwar] |
| freno (m) de urgencia | frein (m) d'urgence | [frɛ̃ dyrʒɑ̃s] |
| compartimiento (m) | compartiment (m) | [kɔ̃partimɑ̃] |
| litera (f) | couchette (f) | [kuʃɛt] |
| litera (f) de arriba | couchette (f) d'en haut | [kuʃɛt dɛ̃ o] |
| litera (f) de abajo | couchette (f) d'en bas | [kuʃɛt dɛ̃ba] |
| ropa (f) de cama | linge (m) de lit | [lɛ̃ʒ də li] |
| billete (m) | ticket (m) | [tikɛ] |
| horario (m) | horaire (m) | [ɔrɛr] |
| pantalla (f) de información | tableau (m) d'informations | [tablo dɛ̃fɔrmasjɔ̃] |
| partir (vi) | partir (vi) | [partir] |
| partida (f) (del tren) | départ (m) | [depar] |
| llegar (tren) | arriver (vi) | [arive] |
| llegada (f) | arrivée (f) | [arive] |
| llegar en tren | arriver en train | [arive ɑ̃ trɛ̃] |
| tomar el tren | prendre le train | [prɑ̃dr lə trɛ̃] |
| bajar del tren | descendre du train | [desɑ̃dr dy trɛ̃] |
| descarrilamiento (m) | accident (m) ferroviaire | [aksidɑ̃ ferɔvjɛr] |
| descarrilarse (vr) | dérailler (vi) | [deraje] |
| tren (m) de vapor | locomotive (f) à vapeur | [lɔkɔmɔtiv a vapœr] |
| fogonero (m) | chauffeur (m) | [ʃofœr] |
| hogar (m) | chauffe (f) | [ʃof] |
| carbón (m) | charbon (m) | [ʃarbɔ̃] |

## 26. El barco

| | | |
|---|---|---|
| buque (m) | bateau (m) | [bato] |
| navío (m) | navire (m) | [navir] |
| | | |
| buque (m) de vapor | bateau (m) à vapeur | [bato a vapœr] |
| motonave (m) | paquebot (m) | [pakbo] |
| trasatlántico (m) | bateau (m) de croisière | [bato də krwazjɛr] |
| crucero (m) | croiseur (m) | [krwazœr] |
| | | |
| yate (m) | yacht (m) | [jot] |
| remolcador (m) | remorqueur (m) | [rəmɔrkœr] |
| barcaza (f) | péniche (f) | [peniʃ] |
| ferry (m) | ferry (m) | [feri] |
| | | |
| velero (m) | voilier (m) | [vwalje] |
| bergantín (m) | brigantin (m) | [brigãtɛ̃] |
| | | |
| rompehielos (m) | brise-glace (m) | [brizglas] |
| submarino (m) | sous-marin (m) | [sumarɛ̃] |
| | | |
| bote (m) de remo | canot (m) à rames | [kano a ram] |
| bote (m) | dinghy (m) | [diŋgi] |
| bote (m) salvavidas | canot (m) de sauvetage | [kano də sovtaʒ] |
| lancha (f) motora | canot (m) à moteur | [kano a mɔtœr] |
| | | |
| capitán (m) | capitaine (m) | [kapitɛn] |
| marinero (m) | matelot (m) | [matlo] |
| marino (m) | marin (m) | [marɛ̃] |
| tripulación (f) | équipage (m) | [ekipaʒ] |
| | | |
| contramaestre (m) | maître (m) d'équipage | [mɛtr dekipaʒ] |
| grumete (m) | mousse (m) | [mus] |
| cocinero (m) de abordo | cuisinier (m) du bord | [kɥizinje dy bɔr] |
| médico (m) del buque | médecin (m) de bord | [medsɛ̃ də bɔr] |
| | | |
| cubierta (f) | pont (m) | [põ] |
| mástil (m) | mât (m) | [ma] |
| vela (f) | voile (f) | [vwal] |
| | | |
| bodega (f) | cale (f) | [kal] |
| proa (f) | proue (f) | [pru] |
| popa (f) | poupe (f) | [pup] |
| remo (m) | rame (f) | [ram] |
| hélice (f) | hélice (f) | [elis] |
| | | |
| camarote (m) | cabine (f) | [kabin] |
| sala (f) de oficiales | carré (m) des officiers | [kare dezɔfisje] |
| sala (f) de máquinas | salle (f) des machines | [sal de maʃin] |
| puente (m) de mando | passerelle (f) | [pasrɛl] |
| sala (f) de radio | cabine (f) de T.S.F. | [kabin də teɛsɛf] |
| onda (f) | onde (f) | [õd] |
| cuaderno (m) de bitácora | journal (m) de bord | [ʒurnal də bɔr] |
| anteojo (m) | longue-vue (f) | [lõgvy] |
| campana (f) | cloche (f) | [klɔʃ] |

| bandera (f) | pavillon (m) | [pavijõ] |
| cabo (m) (maroma) | grosse corde (f) tressée | [gros kɔrd trese] |
| nudo (m) | nœud (m) marin | [nø marɛ̃] |

| pasamano (m) | rampe (f) | [rãp] |
| pasarela (f) | passerelle (f) | [pasrɛl] |

| ancla (f) | ancre (f) | [ãkr] |
| levar ancla | lever l'ancre | [ləve lãkr] |
| echar ancla | jeter l'ancre | [ʒəte lãkr] |
| cadena (f) del ancla | chaîne (f) d'ancrage | [ʃɛn dãkraʒ] |

| puerto (m) | port (m) | [pɔr] |
| embarcadero (m) | embarcadère (m) | [ãbarkadɛr] |
| amarrar (vt) | accoster (vi) | [akɔste] |
| desamarrar (vt) | larguer les amarres | [large lezamar] |

| viaje (m) | voyage (m) | [vwajaʒ] |
| crucero (m) (viaje) | croisière (f) | [krwazjɛr] |
| derrota (f) (rumbo) | cap (m) | [kap] |
| itinerario (m) | itinéraire (m) | [itinerɛr] |

| canal (m) navegable | chenal (m) | [ʃənal] |
| bajío (m) | bas-fond (m) | [bafõ] |
| encallar (vi) | échouer sur un bas-fond | [eʃwe syr œ̃ bafõ] |

| tempestad (f) | tempête (f) | [tãpɛt] |
| señal (f) | signal (m) | [siɲal] |
| hundirse (vr) | sombrer (vi) | [sõbre] |
| ¡Hombre al agua! | Un homme à la mer! | [ynɔm alamɛr] |
| SOS | SOS (m) | [ɛsoɛs] |
| aro (m) salvavidas | bouée (f) de sauvetage | [bwe də sovtaʒ] |

# LA CIUDAD

## 27. El transporte urbano

| | | |
|---|---|---|
| autobús (m) | autobus (m) | [otobys] |
| tranvía (m) | tramway (m) | [tramwɛ] |
| trolebús (m) | trolleybus (m) | [trɔlɛbys] |
| itinerario (m) | itinéraire (m) | [itinerɛr] |
| número (m) | numéro (m) | [nymero] |

| | | |
|---|---|---|
| ir en ... | prendre ... | [prãdr] |
| tomar (~ el autobús) | monter (vi) | [mõte] |
| bajar (~ del tren) | descendre de ... | [desãdr də] |

| | | |
|---|---|---|
| parada (f) | arrêt (m) | [arɛ] |
| próxima parada (f) | arrêt (m) prochain | [arɛt prɔʃɛ̃] |
| parada (f) final | terminus (m) | [tɛrminys] |
| horario (m) | horaire (m) | [ɔrɛr] |
| esperar (aguardar) | attendre (vt) | [atãdr] |

| | | |
|---|---|---|
| billete (m) | ticket (m) | [tikɛ] |
| precio (m) del billete | prix (m) du ticket | [pri dy tikɛ] |

| | | |
|---|---|---|
| cajero (m) | caissier (m) | [kesje] |
| control (m) de billetes | contrôle (m) des tickets | [kõtrol de tikɛ] |
| cobrador (m) | contrôleur (m) | [kõtrolœr] |

| | | |
|---|---|---|
| llegar tarde (vi) | être en retard | [ɛtr ã rətar] |
| perder (~ el tren) | rater (vt) | [rate] |
| tener prisa | se dépêcher | [sə depeʃe] |

| | | |
|---|---|---|
| taxi (m) | taxi (m) | [taksi] |
| taxista (m) | chauffeur (m) de taxi | [ʃofœr də taksi] |
| en taxi | en taxi | [ã taksi] |
| parada (f) de taxi | arrêt (m) de taxi | [arɛ də taksi] |
| llamar un taxi | appeler un taxi | [aple œ̃ taksi] |
| tomar un taxi | prendre un taxi | [prãdr œ̃ taksi] |

| | | |
|---|---|---|
| tráfico (m) | trafic (m) | [trafik] |
| atasco (m) | embouteillage (m) | [ãbutɛjaʒ] |
| horas (f pl) de punta | heures (f pl) de pointe | [œr də pwɛ̃t] |
| aparcar (vi) | se garer (vp) | [sə gare] |
| aparcar (vt) | garer (vt) | [gare] |
| aparcamiento (m) | parking (m) | [parkiŋ] |

| | | |
|---|---|---|
| metro (m) | métro (m) | [metro] |
| estación (f) | station (f) | [stasjõ] |
| ir en el metro | prendre le métro | [prãdr lə metro] |
| tren (m) | train (m) | [trɛ̃] |
| estación (f) | gare (f) | [gar] |

## 28. La ciudad. La vida en la ciudad

| | | |
|---|---|---|
| ciudad (f) | ville (f) | [vil] |
| capital (f) | capitale (f) | [kapital] |
| aldea (f) | village (m) | [vilaʒ] |

| | | |
|---|---|---|
| plano (m) de la ciudad | plan (m) de la ville | [plã də la vil] |
| centro (m) de la ciudad | centre-ville (m) | [sãtrəvil] |
| suburbio (m) | banlieue (f) | [bãljø] |
| suburbano (adj) | de banlieue (adj) | [də bãljø] |

| | | |
|---|---|---|
| arrabal (m) | périphérie (f) | [periferi] |
| afueras (f pl) | alentours (m pl) | [alãtur] |
| barrio (m) | quartier (m) | [kartje] |
| zona (f) de viviendas | quartier (m) résidentiel | [kartje rezidãsjɛl] |

| | | |
|---|---|---|
| tráfico (m) | trafic (m) | [trafik] |
| semáforo (m) | feux (m pl) de circulation | [fø də sirkylasjɔ̃] |
| transporte (m) urbano | transport (m) urbain | [trãspɔr yrbɛ̃] |
| cruce (m) | carrefour (m) | [karfur] |

| | | |
|---|---|---|
| paso (m) de peatones | passage (m) piéton | [pɑsaʒ pjetɔ̃] |
| paso (m) subterráneo | passage (m) souterrain | [pɑsaʒ sutɛrɛ̃] |
| cruzar (vt) | traverser (vt) | [travɛrse] |
| peatón (m) | piéton (m) | [pjetɔ̃] |
| acera (f) | trottoir (m) | [trɔtwar] |

| | | |
|---|---|---|
| puente (m) | pont (m) | [pɔ̃] |
| muelle (m) | quai (m) | [kɛ] |
| fuente (f) | fontaine (f) | [fɔ̃tɛn] |

| | | |
|---|---|---|
| alameda (f) | allée (f) | [ale] |
| parque (m) | parc (m) | [park] |
| bulevar (m) | boulevard (m) | [bulvar] |
| plaza (f) | place (f) | [plas] |
| avenida (f) | avenue (f) | [avny] |
| calle (f) | rue (f) | [ry] |
| callejón (m) | ruelle (f) | [rɥɛl] |
| callejón (m) sin salida | impasse (f) | [ɛ̃pas] |

| | | |
|---|---|---|
| casa (f) | maison (f) | [mɛzɔ̃] |
| edificio (m) | édifice (m) | [edifis] |
| rascacielos (m) | gratte-ciel (m) | [gratsjɛl] |

| | | |
|---|---|---|
| fachada (f) | façade (f) | [fasad] |
| techo (m) | toit (m) | [twa] |
| ventana (f) | fenêtre (f) | [fənɛtr] |
| arco (m) | arc (m) | [ark] |
| columna (f) | colonne (f) | [kɔlɔn] |
| esquina (f) | coin (m) | [kwɛ̃] |

| | | |
|---|---|---|
| escaparate (f) | vitrine (f) | [vitrin] |
| letrero (m) (~ luminoso) | enseigne (f) | [ãsɛɲ] |
| cartel (m) | affiche (f) | [afiʃ] |
| cartel (m) publicitario | affiche (f) publicitaire | [afiʃ pyblisitɛr] |

| valla (f) publicitaria | panneau-réclame (m) | [pano reklam] |
| basura (f) | ordures (f pl) | [ɔrdyr] |
| cajón (m) de basura | poubelle (f) | [pubɛl] |
| tirar basura | jeter ... à terre | [ʒete ... a tɛr] |
| basurero (m) | décharge (f) | [deʃarʒ] |

| cabina (f) telefónica | cabine (f) téléphonique | [kabin telefɔnik] |
| farola (f) | réverbère (m) | [revɛrbɛr] |
| banco (m) (del parque) | banc (m) | [bã] |

| policía (m) | policier (m) | [polisje] |
| policía (f) (~ nacional) | police (f) | [polis] |
| mendigo (m) | clochard (m) | [klɔʃar] |
| persona (f) sin hogar | sans-abri (m) | [sãzabri] |

## 29. Las instituciones urbanas

| tienda (f) | magasin (m) | [magazɛ̃] |
| farmacia (f) | pharmacie (f) | [farmasi] |
| óptica (f) | opticien (m) | [ɔptisjɛ̃] |
| centro (m) comercial | centre (m) commercial | [sãtr kɔmɛrsjal] |
| supermercado (m) | supermarché (m) | [sypɛrmarʃe] |

| panadería (f) | boulangerie (f) | [bulãʒri] |
| panadero (m) | boulanger (m) | [bulãʒe] |
| pastelería (f) | pâtisserie (f) | [patisri] |
| tienda (f) de comestibles | épicerie (f) | [episri] |
| carnicería (f) | boucherie (f) | [buʃri] |

| verdulería (f) | magasin (m) de légumes | [magazɛ̃ də legym] |
| mercado (m) | marché (m) | [marʃe] |

| cafetería (f) | salon (m) de café | [salɔ̃ də kafe] |
| restaurante (m) | restaurant (m) | [rɛstɔrã] |
| cervecería (f) | brasserie (f) | [brasri] |
| pizzería (f) | pizzeria (f) | [pidzerja] |

| peluquería (f) | salon (m) de coiffure | [salɔ̃ də kwafyr] |
| oficina (f) de correos | poste (f) | [pɔst] |
| tintorería (f) | pressing (m) | [presiŋ] |
| estudio (m) fotográfico | atelier (m) de photo | [atəlje də fɔto] |

| zapatería (f) | magasin (m) de chaussures | [magazɛ̃ də ʃosyr] |
| librería (f) | librairie (f) | [librɛri] |
| tienda (f) deportiva | magasin (m) d'articles de sport | [magazɛ̃ dartikl də spɔr] |

| arreglos (m pl) de ropa | atelier (m) de retouche | [atəlje də rətuʃ] |
| alquiler (m) de ropa | location (f) de vêtements | [lɔkasjɔ̃ də vɛtmã] |
| videoclub (m) | location (f) de films | [lɔkasjɔ̃ də film] |

| circo (m) | cirque (m) | [sirk] |
| zoo (m) | zoo (m) | [zoo] |
| cine (m) | cinéma (m) | [sinema] |

| | | |
|---|---|---|
| museo (m) | musée (m) | [myze] |
| biblioteca (f) | bibliothèque (f) | [biblijɔtɛk] |
| | | |
| teatro (m) | théâtre (m) | [teatr] |
| ópera (f) | opéra (m) | [ɔpera] |
| club (m) nocturno | boîte (f) de nuit | [bwat də nɥi] |
| casino (m) | casino (m) | [kazino] |
| | | |
| mezquita (f) | mosquée (f) | [mɔske] |
| sinagoga (f) | synagogue (f) | [sinagɔg] |
| catedral (f) | cathédrale (f) | [katedral] |
| templo (m) | temple (m) | [tãpl] |
| iglesia (f) | église (f) | [egliz] |
| | | |
| instituto (m) | institut (m) | [ɛ̃stity] |
| universidad (f) | université (f) | [ynivɛrsite] |
| escuela (f) | école (f) | [ekɔl] |
| | | |
| prefectura (f) | préfecture (f) | [prefɛktyr] |
| alcaldía (f) | mairie (f) | [meri] |
| hotel (m) | hôtel (m) | [otɛl] |
| banco (m) | banque (f) | [bãk] |
| | | |
| embajada (f) | ambassade (f) | [ãbasad] |
| agencia (f) de viajes | agence (f) de voyages | [aʒãs də vwajaʒ] |
| oficina (f) de información | bureau (m) d'information | [byro dɛ̃fɔrmasjɔ̃] |
| oficina (f) de cambio | bureau (m) de change | [byro də ʃãʒ] |
| | | |
| metro (m) | métro (m) | [metro] |
| hospital (m) | hôpital (m) | [ɔpital] |
| | | |
| gasolinera (f) | station-service (f) | [stasjɔ̃sɛrvis] |
| aparcamiento (m) | parking (m) | [parkiŋ] |

## 30. Los avisos

| | | |
|---|---|---|
| letrero (m) (~ luminoso) | enseigne (f) | [ãsɛɲ] |
| cartel (m) (texto escrito) | pancarte (f) | [pãkart] |
| pancarta (f) | poster (m) | [pɔstɛr] |
| signo (m) de dirección | indicateur (m) de direction | [ɛ̃dikatœr də dirɛksjɔ̃] |
| flecha (f) (signo) | flèche (f) | [flɛʃ] |
| | | |
| advertencia (f) | avertissement (m) | [avɛrtismã] |
| aviso (m) | panneau (m) d'avertissement | [pano davɛrtismã] |
| | | |
| advertir (vt) | avertir (vt) | [avɛrtir] |
| | | |
| día (m) de descanso | jour (m) de repos | [ʒur də rəpo] |
| horario (m) | horaire (m) | [ɔrɛr] |
| horario (m) de apertura | heures (f pl) d'ouverture | [zœr duvɛrtyr] |
| | | |
| ¡BIENVENIDOS! | BIENVENUE! | [bjɛ̃vny] |
| ENTRADA | ENTRÉE | [ãtre] |
| SALIDA | SORTIE | [sɔrti] |

| EMPUJAR | POUSSER | [puse] |
|---|---|---|
| TIRAR | TIRER | [tire] |
| ABIERTO | OUVERT | [uvɛr] |
| CERRADO | FERMÉ | [fɛrme] |

| MUJERES | FEMMES | [fam] |
|---|---|---|
| HOMBRES | HOMMES | [ɔm] |

| REBAJAS | RABAIS | [sɔld] |
|---|---|---|
| SALDOS | SOLDES | [rabɛ] |
| NOVEDAD | NOUVEAU! | [nuvo] |
| GRATIS | GRATUIT | [gratɥi] |

| ¡ATENCIÓN! | ATTENTION! | [atɑ̃sjɔ̃] |
|---|---|---|
| COMPLETO | COMPLET | [kɔ̃plɛ] |
| RESERVADO | RÉSERVÉ | [rezɛrve] |

| ADMINISTRACIÓN | ADMINISTRATION | [administrasjɔ̃] |
|---|---|---|
| SÓLO PERSONAL AUTORIZADO | RÉSERVÉ AU PERSONNEL | [rezɛrve o pɛrsɔnɛl] |

| CUIDADO CON EL PERRO | ATTENTION CHIEN MÉCHANT | [atɑ̃sjɔ̃ ʃjɛ̃ meʃɑ̃] |
|---|---|---|
| PROHIBIDO FUMAR | DÉFENSE DE FUMER | [defɑ̃s də fyme] |
| NO TOCAR | PRIERE DE NE PAS TOUCHER | [prijɛr dənəpɑ tuʃe] |

| PELIGROSO | DANGEREUX | [dɑ̃ʒrø] |
|---|---|---|
| PELIGRO | DANGER | [dɑ̃ʒe] |
| ALTA TENSIÓN | HAUTE TENSION | [ot tɑ̃sjɔ̃] |
| PROHIBIDO BAÑARSE | BAIGNADE INTERDITE | [bɛɲad ɛ̃tɛrdit] |
| NO FUNCIONA | HORS SERVICE | [ɔr sɛrvis] |

| INFLAMABLE | INFLAMMABLE | [ɛ̃flamabl] |
|---|---|---|
| PROHIBIDO | INTERDIT | [ɛ̃tɛrdi] |
| PROHIBIDO EL PASO | PASSAGE INTERDIT | [pɑsaʒ ɛ̃tɛrdi] |
| RECIÉN PINTADO | PEINTURE FRAÎCHE | [pɛ̃tyr frɛʃ] |

## 31. Las compras

| comprar (vt) | acheter (vt) | [aʃte] |
|---|---|---|
| compra (f) | achat (m) | [aʃa] |
| hacer compras | faire des achats | [fɛr dezaʃa] |
| compras (f pl) | shopping (m) | [ʃopiŋ] |

| estar abierto (tienda) | être ouvert | [ɛtr uvɛr] |
|---|---|---|
| estar cerrado | être fermé | [ɛtr fɛrme] |

| calzado (m) | chaussures (f pl) | [ʃosyr] |
|---|---|---|
| ropa (f), vestido (m) | vêtement (m) | [vɛtmɑ̃] |
| cosméticos (m pl) | produits (m pl) de beauté | [prɔdyi də bote] |
| productos alimenticios | produits (m pl) alimentaires | [prɔdyi alimɑ̃tɛr] |
| regalo (m) | cadeau (m) | [kado] |
| vendedor (m) | vendeur (m) | [vɑ̃dœr] |

| vendedora (f) | vendeuse (f) | [vãdøz] |
| caja (f) | caisse (f) | [kɛs] |
| espejo (m) | miroir (m) | [mirwar] |
| mostrador (m) | comptoir (m) | [kõtwar] |
| probador (m) | cabine (f) d'essayage | [kabin desɛjaʒ] |

| probar (un vestido) | essayer (vt) | [eseje] |
| quedar (una ropa, etc.) | aller bien | [ale bjɛ̃] |
| gustar (vi) | plaire à ... | [plɛr a] |

| precio (m) | prix (m) | [pri] |
| etiqueta (f) de precio | étiquette (f) de prix | [etikɛt də pri] |
| costar (vt) | coûter (vi, vt) | [kute] |
| ¿Cuánto? | Combien? | [kõbjɛ̃] |
| descuento (m) | rabais (m) | [rabɛ] |

| no costoso (adj) | pas cher (adj) | [pɑ ʃɛr] |
| barato (adj) | bon marché (adj) | [bõ marʃe] |
| caro (adj) | cher (adj) | [ʃɛr] |
| Es caro | C'est cher | [sɛ ʃɛr] |

| alquiler (m) | location (f) | [lɔkasjõ] |
| alquilar (vt) | louer (vt) | [lwe] |
| crédito (m) | crédit (m) | [kredi] |
| a crédito (adv) | à crédit (adv) | [akredi] |

# LA ROPA Y LOS ACCESORIOS

## 32. La ropa exterior. Los abrigos

| | | |
|---|---|---|
| ropa (f), vestido (m) | vêtement (m) | [vɛtmã] |
| ropa (f) de calle | survêtement (m) | [syrvɛtmã] |
| ropa (f) de invierno | vêtement (m) d'hiver | [vɛtmã divɛr] |
| | | |
| abrigo (m) | manteau (m) | [mãto] |
| abrigo (m) de piel | manteau (m) de fourrure | [mãto də furyr] |
| abrigo (m) corto de piel | veste (f) en fourrure | [vɛst ã furyr] |
| plumón (m) | manteau (m) de duvet | [manto də dyvɛ] |
| | | |
| cazadora (f) | veste (f) | [vɛst] |
| impermeable (m) | imperméable (m) | [ɛ̃pɛrmeabl] |
| impermeable (adj) | imperméable (adj) | [ɛ̃pɛrmeabl] |

## 33. Ropa de hombre y mujer

| | | |
|---|---|---|
| camisa (f) | chemise (f) | [ʃəmiz] |
| pantalones (m pl) | pantalon (m) | [pãtalɔ̃] |
| jeans, vaqueros (m pl) | jean (m) | [dʒin] |
| chaqueta (f), saco (m) | veston (m) | [vɛstɔ̃] |
| traje (m) | complet (m) | [kɔ̃plɛ] |
| | | |
| vestido (m) | robe (f) | [rɔb] |
| falda (f) | jupe (f) | [ʒyp] |
| blusa (f) | chemisette (f) | [ʃəmizɛt] |
| rebeca (f), | veste (f) en laine | [vɛst ã lɛn] |
| chaqueta (f) de punto | | |
| chaqueta (f) | jaquette (f), blazer (m) | [ʒakɛt], [blazɛr] |
| | | |
| camiseta (f) (T-shirt) | tee-shirt (m) | [tiʃœrt] |
| shorts (m pl) | short (m) | [ʃɔrt] |
| traje (m) deportivo | costume (m) de sport | [kɔstym də spɔr] |
| bata (f) de baño | peignoir (m) de bain | [pɛɲwar də bɛ̃] |
| pijama (f) | pyjama (m) | [piʒama] |
| jersey (m), suéter (m) | chandail (m) | [ʃãdaj] |
| pulóver (m) | pull-over (m) | [pylovɛr] |
| | | |
| chaleco (m) | gilet (m) | [ʒilɛ] |
| frac (m) | queue-de-pie (f) | [kødpi] |
| esmoquin (m) | smoking (m) | [smɔkiŋ] |
| | | |
| uniforme (m) | uniforme (m) | [ynifɔrm] |
| ropa (f) de trabajo | tenue (f) de travail | [təny də travaj] |
| mono (m) | salopette (f) | [salɔpɛt] |
| bata (f) (p. ej. ~ blanca) | blouse (f) | [bluz] |

## 34. La ropa. La ropa interior

| | | |
|---|---|---|
| ropa (f) interior | sous-vêtements (m pl) | [suvɛtmã] |
| bóxer (m) | boxer (m) | [bɔksɛr] |
| bragas (f pl) | slip (m) de femme | [slip də fam] |
| camiseta (f) interior | maillot (m) de corps | [majo də kɔr] |
| calcetines (m pl) | chaussettes (f pl) | [ʃosɛt] |
| | | |
| camisón (m) | chemise (f) de nuit | [ʃəmiz də nɥi] |
| sostén (m) | soutien-gorge (m) | [sutjɛ̃gɔrʒ] |
| calcetines (m pl) altos | chaussettes (f pl) hautes | [ʃosɛt ot] |
| pantimedias (f pl) | collants (m pl) | [kɔlɑ̃] |
| medias (f pl) | bas (m pl) | [ba] |
| traje (m) de baño | maillot (m) de bain | [majo də bɛ̃] |

## 35. Gorras

| | | |
|---|---|---|
| gorro (m) | chapeau (m) | [ʃapo] |
| sombrero (m) de fieltro | chapeau (m) feutre | [ʃapo føtr] |
| gorra (f) de béisbol | casquette (f) de base-ball | [kaskɛt də bɛzbol] |
| gorra (f) plana | casquette (f) | [kaskɛt] |
| | | |
| boina (f) | béret (m) | [berɛ] |
| capuchón (m) | capuche (f) | [kapyʃ] |
| panamá (m) | panama (m) | [panama] |
| gorro (m) de punto | bonnet (m) de laine | [bɔnɛ də lɛn] |
| | | |
| pañuelo (m) | foulard (m) | [fular] |
| sombrero (m) de mujer | chapeau (m) de femme | [ʃapo də fam] |
| | | |
| casco (m) (~ protector) | casque (m) | [kask] |
| gorro (m) de campaña | calot (m) | [kalo] |
| casco (m) (~ de moto) | casque (m) | [kask] |
| | | |
| bombín (m) | melon (m) | [məlɔ̃] |
| sombrero (m) de copa | haut-de-forme (m) | [o də fɔrm] |

## 36. El calzado

| | | |
|---|---|---|
| calzado (m) | chaussures (f pl) | [ʃosyr] |
| botas (f pl) | bottines (f pl) | [bɔtin] |
| zapatos (m pl) | souliers (m pl) | [sulje] |
| (~ de tacón bajo) | | |
| botas (f pl) altas | bottes (f pl) | [bɔt] |
| zapatillas (f pl) | chaussons (m pl) | [ʃosɔ̃] |
| | | |
| tenis (m pl) | tennis (m pl) | [tenis] |
| zapatillas (f pl) de lona | baskets (f pl) | [baskɛt] |
| sandalias (f pl) | sandales (f pl) | [sɑ̃dal] |
| zapatero (m) | cordonnier (m) | [kɔrdɔnje] |
| tacón (m) | talon (m) | [talɔ̃] |

| | | |
|---|---|---|
| par (m) | paire (f) | [pɛr] |
| cordón (m) | lacet (m) | [lase] |
| encordonar (vt) | lacer (vt) | [lase] |
| calzador (m) | chausse-pied (m) | [ʃospje] |
| betún (m) | cirage (m) | [siraʒ] |

## 37. Accesorios personales

| | | |
|---|---|---|
| guantes (m pl) | gants (m pl) | [gɑ̃] |
| manoplas (f pl) | moufles (f pl) | [mufl] |
| bufanda (f) | écharpe (f) | [eʃarp] |

| | | |
|---|---|---|
| gafas (f pl) | lunettes (f pl) | [lynɛt] |
| montura (f) | monture (f) | [mɔ̃tyr] |
| paraguas (m) | parapluie (m) | [paraplɥi] |
| bastón (m) | canne (f) | [kan] |
| cepillo (m) de pelo | brosse (f) à cheveux | [brɔs a ʃəvø] |
| abanico (m) | éventail (m) | [evɑ̃taj] |

| | | |
|---|---|---|
| corbata (f) | cravate (f) | [kravat] |
| pajarita (f) | nœud papillon (m) | [nø papijɔ̃] |
| tirantes (m pl) | bretelles (f pl) | [brətɛl] |
| moquero (m) | mouchoir (m) | [muʃwar] |

| | | |
|---|---|---|
| peine (m) | peigne (m) | [pɛɲ] |
| pasador (m) de pelo | barrette (f) | [barɛt] |
| horquilla (f) | épingle (f) à cheveux | [epɛ̃gl a ʃəvø] |
| hebilla (f) | boucle (f) | [bukl] |

| | | |
|---|---|---|
| cinturón (m) | ceinture (f) | [sɛ̃tyr] |
| correa (f) (de bolso) | bandoulière (f) | [bɑ̃duljɛr] |

| | | |
|---|---|---|
| bolsa (f) | sac (m) | [sak] |
| bolso (m) | sac (m) à main | [sak a mɛ̃] |
| mochila (f) | sac (m) à dos | [sak a do] |

## 38. La ropa. Miscelánea

| | | |
|---|---|---|
| moda (f) | mode (f) | [mɔd] |
| de moda (adj) | à la mode (adj) | [alamɔd] |
| diseñador (m) de moda | couturier (m), créateur (m) de mode | [kutyrje], [kreatœr də mɔd] |

| | | |
|---|---|---|
| cuello (m) | col (m) | [kɔl] |
| bolsillo (m) | poche (f) | [pɔʃ] |
| de bolsillo (adj) | de poche (adj) | [də pɔʃ] |
| manga (f) | manche (f) | [mɑ̃ʃ] |
| presilla (f) | bride (f) | [brid] |
| bragueta (f) | braguette (f) | [bragɛt] |

| | | |
|---|---|---|
| cremallera (f) | fermeture (f) à glissière | [fɛrmətyr a glisjɛr] |
| cierre (m) | agrafe (f) | [agraf] |

| botón (m) | bouton (m) | [butõ] |
| ojal (m) | boutonnière (f) | [butɔnjɛr] |
| saltar (un botón) | sauter (vi) | [sote] |

| coser (vi, vt) | coudre (vi, vt) | [kudr] |
| bordar (vt) | broder (vt) | [brɔde] |
| bordado (m) | broderie (f) | [brɔdri] |
| aguja (f) | aiguille (f) | [eguij] |
| hilo (m) | fil (m) | [fil] |
| costura (f) | couture (f) | [kutyr] |

| ensuciarse (vr) | se salir (vp) | [sə salir] |
| mancha (f) | tache (f) | [taʃ] |
| arrugarse (vr) | se froisser (vp) | [sə frwase] |
| rasgar (vt) | déchirer (vt) | [deʃire] |
| polilla (f) | mite (f) | [mit] |

## 39. Productos personales. Cosméticos

| pasta (f) de dientes | dentifrice (m) | [dãtifris] |
| cepillo (m) de dientes | brosse (f) à dents | [brɔs a dã] |
| limpiarse los dientes | se brosser les dents | [sə brɔse le dã] |

| maquinilla (f) de afeitar | rasoir (m) | [razwar] |
| crema (f) de afeitar | crème (f) à raser | [krɛm a raze] |
| afeitarse (vr) | se raser (vp) | [sə raze] |

| jabón (m) | savon (m) | [savõ] |
| champú (m) | shampooing (m) | [ʃãpwɛ̃] |

| tijeras (f pl) | ciseaux (m pl) | [sizo] |
| lima (f) de uñas | lime (f) à ongles | [lim a õgl] |
| cortaúñas (m pl) | pinces (f pl) à ongles | [pɛ̃s a õgl] |
| pinzas (f pl) | pince (f) | [pɛ̃s] |

| cosméticos (m pl) | cosmétiques (m pl) | [kɔsmetik] |
| mascarilla (f) | masque (m) de beauté | [mask də bote] |
| manicura (f) | manucure (f) | [manykyr] |
| hacer la manicura | se faire les ongles | [sə fɛr le zõgl] |
| pedicura (f) | pédicurie (f) | [pedikyri] |

| neceser (m) de maquillaje | trousse (f) de toilette | [trus də twalɛt] |
| polvos (m pl) | poudre (f) | [pudr] |
| polvera (f) | poudrier (m) | [pudrije] |
| colorete (m), rubor (m) | fard (m) à joues | [far a ʒu] |

| perfume (m) | parfum (m) | [parfœ̃] |
| agua (f) perfumada | eau (f) de toilette | [o də twalɛt] |
| loción (f) | lotion (f) | [losjõ] |
| agua (f) de colonia | eau de Cologne (f) | [o də kɔlɔɲ] |

| sombra (f) de ojos | fard (m) à paupières | [far a popjɛr] |
| lápiz (m) de ojos | crayon (m) à paupières | [krɛjõ a popjɛr] |
| rímel (m) | mascara (m) | [maskara] |

| | | |
|---|---|---|
| pintalabios (m) | rouge (m) à lèvres | [ruʒ ɑ lɛvr] |
| esmalte (m) de uñas | vernis (m) à ongles | [vɛrni ɑ ɔ̃gl] |
| fijador (m) (para el pelo) | laque (f) pour les cheveux | [lak pur le ʃəvø] |
| desodorante (m) | déodorant (m) | [deɔdɔrɑ̃] |

| | | |
|---|---|---|
| crema (f) | crème (f) | [krɛm] |
| crema (f) de belleza | crème (f) pour le visage | [krɛm pur lə vizaʒ] |
| crema (f) de manos | crème (f) pour les mains | [krɛm pur le mɛ̃] |
| crema (f) antiarrugas | crème (f) anti-rides | [krɛm ɑ̃tirid] |
| crema (f) de día | crème (f) de jour | [krɛm də ʒur] |
| crema (f) de noche | crème (f) de nuit | [krɛm də nɥi] |
| de día (adj) | de jour (adj) | [də ʒur] |
| de noche (adj) | de nuit (adj) | [də nɥi] |

| | | |
|---|---|---|
| tampón (m) | tampon (m) | [tɑ̃pɔ̃] |
| papel (m) higiénico | papier (m) de toilette | [papje də twalɛt] |
| secador (m) de pelo | sèche-cheveux (m) | [sɛʃəvø] |

## 40. Los relojes

| | | |
|---|---|---|
| reloj (m) | montre (f) | [mɔ̃tr] |
| esfera (f) | cadran (m) | [kadrɑ̃] |
| aguja (f) | aiguille (f) | [egɥij] |
| pulsera (f) | bracelet (m) | [braslɛ] |
| correa (f) (del reloj) | bracelet (m) | [braslɛ] |

| | | |
|---|---|---|
| pila (f) | pile (f) | [pil] |
| descargarse (vr) | être déchargé | [ɛtr deʃarʒe] |
| cambiar la pila | changer de pile | [ʃɑ̃ʒe də pil] |
| adelantarse (vr) | avancer (vi) | [avɑ̃se] |
| retrasarse (vr) | retarder (vi) | [rətarde] |

| | | |
|---|---|---|
| reloj (m) de pared | pendule (f) | [pɑ̃dyl] |
| reloj (m) de arena | sablier (m) | [sablije] |
| reloj (m) de sol | cadran (m) solaire | [kadrɑ̃ sɔlɛr] |
| despertador (m) | réveil (m) | [revɛj] |
| relojero (m) | horloger (m) | [ɔrlɔʒe] |
| reparar (vt) | réparer (vt) | [repare] |

# LA EXPERIENCIA DIARIA

## 41. El dinero

| | | |
|---|---|---|
| dinero (m) | argent (m) | [arʒɑ̃] |
| cambio (m) | échange (m) | [eʃɑ̃ʒ] |
| curso (m) | cours (m) de change | [kur də ʃɑ̃ʒ] |
| cajero (m) automático | distributeur (m) | [distribytœr] |
| moneda (f) | monnaie (f) | [mɔnɛ] |
| | | |
| dólar (m) | dollar (m) | [dɔlar] |
| euro (m) | euro (m) | [øro] |
| | | |
| lira (f) | lire (f) | [lir] |
| marco (m) alemán | mark (m) allemand | [mark almɑ̃] |
| franco (m) | franc (m) | [frɑ̃] |
| libra esterlina (f) | livre sterling (f) | [livr stɛrliŋ] |
| yen (m) | yen (m) | [jɛn] |
| | | |
| deuda (f) | dette (f) | [dɛt] |
| deudor (m) | débiteur (m) | [debitœr] |
| prestar (vt) | prêter (vt) | [prete] |
| tomar prestado | emprunter (vt) | [ɑ̃prœ̃te] |
| | | |
| banco (m) | banque (f) | [bɑ̃k] |
| cuenta (f) | compte (m) | [kɔ̃t] |
| ingresar (~ en la cuenta) | verser (vt) | [vɛrse] |
| ingresar en la cuenta | verser dans le compte | [vɛrse dɑ̃ lə kɔ̃t] |
| sacar de la cuenta | retirer du compte | [rətire dy kɔ̃t] |
| | | |
| tarjeta (f) de crédito | carte (f) de crédit | [kart də kredi] |
| dinero (m) en efectivo | espèces (f pl) | [ɛspɛs] |
| cheque (m) | chèque (m) | [ʃɛk] |
| sacar un cheque | faire un chèque | [fɛr œ̃ ʃɛk] |
| talonario (m) | chéquier (m) | [ʃekje] |
| | | |
| cartera (f) | portefeuille (m) | [pɔrtəfœj] |
| monedero (m) | bourse (f) | [burs] |
| caja (f) fuerte | coffre fort (m) | [kɔfr tɔr] |
| | | |
| heredero (m) | héritier (m) | [eritje] |
| herencia (f) | héritage (m) | [eritaʒ] |
| fortuna (f) | fortune (f) | [fɔrtyn] |
| | | |
| arriendo (m) | location (f) | [lɔkasjɔ̃] |
| alquiler (m) (dinero) | loyer (m) | [lwaje] |
| alquilar (~ una casa) | louer (vt) | [lwe] |
| | | |
| precio (m) | prix (m) | [pri] |
| coste (m) | coût (m) | [ku] |

49

| suma (f) | somme (f) | [sɔm] |
| gastar (vt) | dépenser (vt) | [depãse] |
| gastos (m pl) | dépenses (f pl) | [depãs] |
| economizar (vi, vt) | économiser (vt) | [ekɔnɔmize] |
| económico (adj) | économe (adj) | [ekɔnɔm] |

| pagar (vi, vt) | payer (vi, vt) | [peje] |
| pago (m) | paiement (m) | [pɛmã] |
| cambio (m) (devolver el ~) | monnaie (f) | [mɔnɛ] |

| impuesto (m) | impôt (m) | [ɛ̃po] |
| multa (f) | amende (f) | [amãd] |
| multar (vt) | mettre une amende | [mɛtr ynamãd] |

## 42. La oficina de correos

| oficina (f) de correos | poste (f) | [pɔst] |
| correo (m) (cartas, etc.) | courrier (m) | [kurje] |
| cartero (m) | facteur (m) | [faktœr] |
| horario (m) de apertura | heures (f pl) d'ouverture | [zœr duvɛrtyr] |

| carta (f) | lettre (f) | [lɛtr] |
| carta (f) certificada | recommandé (m) | [rəkɔmãde] |
| tarjeta (f) postal | carte (f) postale | [kart pɔstal] |
| telegrama (m) | télégramme (m) | [telegram] |
| paquete (m) postal | colis (m) | [kɔli] |
| giro (m) postal | mandat (m) postal | [mãda pɔstal] |

| recibir (vt) | recevoir (vt) | [rəsəvwar] |
| enviar (vt) | envoyer (vt) | [ãvwaje] |
| envío (m) | envoi (m) | [ãvwa] |
| dirección (f) | adresse (f) | [adrɛs] |
| código (m) postal | code (m) postal | [kɔd pɔstal] |
| expedidor (m) | expéditeur (m) | [ɛkspeditœr] |
| destinatario (m) | destinataire (m) | [dɛstinatɛr] |

| nombre (m) | prénom (m) | [prenɔ̃] |
| apellido (m) | nom (m) de famille | [nɔ̃ də famij] |
| tarifa (f) | tarif (m) | [tarif] |
| ordinario (adj) | normal (adj) | [nɔrmal] |
| económico (adj) | économique (adj) | [ekɔnɔmik] |

| peso (m) | poids (m) | [pwa] |
| pesar (~ una carta) | peser (vt) | [pəze] |
| sobre (m) | enveloppe (f) | [ãvlɔp] |
| sello (m) | timbre (m) | [tɛ̃br] |
| poner un sello | timbrer (vt) | [tɛ̃bre] |

## 43. La banca

| banco (m) | banque (f) | [bãk] |
| sucursal (f) | agence (f) bancaire | [aʒãs bãkɛr] |

| asesor (m) (~ fiscal) | conseiller (m) | [kɔ̃seje] |
| gerente (m) | gérant (m) | [ʒerɑ̃] |

| cuenta (f) | compte (m) | [kɔ̃t] |
| numero (m) de la cuenta | numéro (m) du compte | [nymero dy kɔ̃t] |
| cuenta (f) corriente | compte (m) courant | [kɔ̃t kurɑ̃] |
| cuenta (f) de ahorros | compte (m) sur livret | [kɔ̃t syr livrɛ] |

| abrir una cuenta | ouvrir un compte | [uvrir œ̃ kɔ̃t] |
| cerrar la cuenta | clôturer le compte | [klotyre lə kɔ̃t] |
| ingresar en la cuenta | verser dans le compte | [vɛrse dɑ̃ lə kɔ̃t] |
| sacar de la cuenta | retirer du compte | [rətire dy kɔ̃t] |

| depósito (m) | dépôt (m) | [depo] |
| hacer un depósito | faire un dépôt | [fɛr œ̃ depo] |
| giro (m) bancario | virement (m) bancaire | [virmɑ̃ bɑ̃kɛr] |
| hacer un giro | faire un transfert | [fɛr œ̃ trɑ̃sfɛr] |

| suma (f) | somme (f) | [sɔm] |
| ¿Cuánto? | Combien? | [kɔ̃bjɛ̃] |

| firma (f) (nombre) | signature (f) | [siɲatyr] |
| firmar (vt) | signer (vt) | [siɲe] |

| tarjeta (f) de crédito | carte (f) de crédit | [kart də kredi] |
| código (m) | code (m) | [kɔd] |
| número (m) de tarjeta de crédito | numéro (m) de carte de crédit | [nymero də kart də kredi] |
| cajero (m) automático | distributeur (m) | [distribytœr] |

| cheque (m) | chèque (m) | [ʃɛk] |
| sacar un cheque | faire un chèque | [fɛr œ̃ ʃɛk] |
| talonario (m) | chéquier (m) | [ʃekje] |

| crédito (m) | crédit (m) | [kredi] |
| pedir el crédito | demander un crédit | [dəmɑ̃de œ̃ kredi] |
| obtener un crédito | prendre un crédit | [prɑ̃dr œ̃ kredi] |
| conceder un crédito | accorder un crédit | [akɔrde œ̃ kredi] |
| garantía (f) | gage (m) | [gaʒ] |

## 44. El teléfono. Las conversaciones telefónicas

| teléfono (m) | téléphone (m) | [telefɔn] |
| teléfono (m) móvil | portable (m) | [pɔrtabl] |
| contestador (m) | répondeur (m) | [repɔ̃dœr] |

| llamar, telefonear | téléphoner, appeler | [telefɔne], [aple] |
| llamada (f) | appel (m) | [apɛl] |

| marcar un número | composer le numéro | [kɔ̃poze lə nymero] |
| ¿Sí?, ¿Dígame? | Allô! | [alo] |
| preguntar (vt) | demander (vt) | [dəmɑ̃de] |
| responder (vi, vt) | répondre (vi, vt) | [repɔ̃dr] |
| oír (vt) | entendre (vt) | [ɑ̃tɑ̃dr] |

| | | |
|---|---|---|
| bien (adv) | bien (adv) | [bjɛ̃] |
| mal (adv) | mal (adv) | [mal] |
| ruidos (m pl) | bruits (m pl) | [brɥi] |
| | | |
| auricular (m) | récepteur (m) | [resɛptœr] |
| descolgar (el teléfono) | décrocher (vt) | [dekrɔʃe] |
| colgar el auricular | raccrocher (vi) | [rakrɔʃe] |
| | | |
| ocupado (adj) | occupé (adj) | [ɔkype] |
| sonar (teléfono) | sonner (vi) | [sɔ̃] |
| guía (f) de teléfonos | carnet (m) de téléphone | [karnɛ də telefɔn] |
| | | |
| local (adj) | local (adj) | [lɔkal] |
| llamada (f) local | appel (m) local | [apɛl lɔkal] |
| de larga distancia | interurbain (adj) | [ɛ̃tɛryrbɛ̃] |
| llamada (f) de larga distancia | appel (m) interurbain | [apɛl ɛ̃tɛryrbɛ̃] |
| internacional (adj) | international (adj) | [ɛ̃tɛrnasjɔnal] |
| llamada (f) internacional | appel (m) international | [apɛl ɛ̃tɛrnasjɔnal] |

## 45. El teléfono celular

| | | |
|---|---|---|
| teléfono (m) móvil | portable (m) | [pɔrtabl] |
| pantalla (f) | écran (m) | [ekrɑ̃] |
| botón (m) | bouton (m) | [butɔ̃] |
| tarjeta SIM (f) | carte SIM (f) | [kart sim] |
| | | |
| pila (f) | pile (f) | [pil] |
| descargarse (vr) | être déchargé | [ɛtr deʃarʒe] |
| cargador (m) | chargeur (m) | [ʃarʒœr] |
| | | |
| menú (m) | menu (m) | [məny] |
| preferencias (f pl) | réglages (m pl) | [reglaʒ] |
| melodía (f) | mélodie (f) | [melɔdi] |
| seleccionar (vt) | sélectionner (vt) | [selɛksjɔne] |
| | | |
| calculadora (f) | calculatrice (f) | [kalkylatris] |
| contestador (m) | répondeur (m) | [repɔ̃dœr] |
| despertador (m) | réveil (m) | [revɛj] |
| contactos (m pl) | contacts (m pl) | [kɔ̃takt] |
| | | |
| mensaje (m) de texto | SMS (m) | [esemes] |
| abonado (m) | abonné (m) | [abɔne] |

## 46. Los artículos de escritorio

| | | |
|---|---|---|
| bolígrafo (m) | stylo (m) à bille | [stilo ɑ bij] |
| pluma (f) estilográfica | stylo (m) à plume | [stilo ɑ plym] |
| | | |
| lápiz (f) | crayon (m) | [krɛjɔ̃] |
| marcador (m) | marqueur (m) | [markœr] |
| rotulador (m) | feutre (m) | [føtr] |
| bloc (m) de notas | bloc-notes (m) | [blɔknɔt] |

| agenda (f) | agenda (m) | [aʒɛ̃da] |
| regla (f) | règle (f) | [rɛgl] |
| calculadora (f) | calculatrice (f) | [kalkylatris] |
| goma (f) de borrar | gomme (f) | [gɔm] |
| chincheta (f) | punaise (f) | [pynɛz] |
| clip (m) | trombone (m) | [trɔ̃bɔn] |

| pegamento (m) | colle (f) | [kɔl] |
| grapadora (f) | agrafeuse (f) | [agraføz] |
| perforador (m) | perforateur (m) | [pɛrfɔratœr] |
| sacapuntas (m) | taille-crayon (m) | [tajkrɛjɔ̃] |

## 47. Los idiomas extranjeros

| lengua (f) | langue (f) | [lɑ̃g] |
| lengua (f) extranjera | langue (f) étrangère | [lɑ̃g etrɑ̃ʒɛr] |
| estudiar (vt) | étudier (vt) | [etydje] |
| aprender (ingles, etc.) | apprendre (vt) | [aprɑ̃dr] |

| leer (vi, vt) | lire (vi, vt) | [lir] |
| hablar (vi, vt) | parler (vi) | [parle] |
| comprender (vt) | comprendre (vt) | [kɔ̃prɑ̃dr] |
| escribir (vt) | écrire (vt) | [ekrir] |

| rápidamente (adv) | vite (adv) | [vit] |
| lentamente (adv) | lentement (adv) | [lɑ̃tmɑ̃] |
| con fluidez (adv) | couramment (adv) | [kuramɑ̃] |

| reglas (f pl) | règles (f pl) | [rɛgl] |
| gramática (f) | grammaire (f) | [gramɛr] |
| vocabulario (m) | vocabulaire (m) | [vɔkabylɛr] |
| fonética (f) | phonétique (f) | [fɔnetik] |

| manual (m) | manuel (m) | [manɥɛl] |
| diccionario (m) | dictionnaire (m) | [diksjɔnɛr] |
| manual (m) autodidáctico | manuel (m) autodidacte | [manɥɛl otodidakt] |
| guía (f) de conversación | guide (m) de conversation | [gid də kɔ̃vɛrsasjɔ̃] |

| casete (m) | cassette (f) | [kasɛt] |
| videocasete (f) | cassette (f) vidéo | [kasɛt video] |
| CD (m) | CD (m) | [sede] |
| DVD (m) | DVD (m) | [devede] |

| alfabeto (m) | alphabet (m) | [alfabɛ] |
| deletrear (vt) | épeler (vt) | [eple] |
| pronunciación (f) | prononciation (f) | [prɔnɔ̃sjasjɔ̃] |

| acento (m) | accent (m) | [aksɑ̃] |
| con acento | avec un accent | [avɛk œn aksɑ̃] |
| sin acento | sans accent | [sɑ̃ zaksɑ̃] |

| palabra (f) | mot (m) | [mo] |
| significado (m) | sens (m) | [sɑ̃s] |
| cursos (m pl) | cours (m pl) | [kur] |

| inscribirse (vr) | s'inscrire (vp) | [sɛ̃skrir] |
| profesor (m) (~ de inglés) | professeur (m) | [prɔfɛsœr] |

| traducción (f) (proceso) | traduction (f) | [tradyksjɔ̃] |
| traducción (f) (texto) | traduction (f) | [tradyksjɔ̃] |
| traductor (m) | traducteur (m) | [tradyktœr] |
| intérprete (m) | interprète (m) | [ɛ̃tɛrprɛt] |

| políglota (m) | polyglotte (m) | [pɔliglɔt] |
| memoria (f) | mémoire (f) | [memwar] |

# LAS COMIDAS. EL RESTAURANTE

## 48. Los cubiertos

| | | |
|---|---|---|
| cuchara (f) | cuillère (f) | [kɥijɛr] |
| cuchillo (m) | couteau (m) | [kuto] |
| tenedor (m) | fourchette (f) | [furʃɛt] |
| | | |
| taza (f) | tasse (f) | [tɑs] |
| plato (m) | assiette (f) | [asjɛt] |
| platillo (m) | soucoupe (f) | [sukup] |
| servilleta (f) | serviette (f) | [sɛrvjɛt] |
| mondadientes (m) | cure-dent (m) | [kyrdã] |

## 49. El restaurante

| | | |
|---|---|---|
| restaurante (m) | restaurant (m) | [rɛstorã] |
| cafetería (f) | salon (m) de café | [salõ də kafe] |
| bar (m) | bar (m) | [bar] |
| salón (m) de té | salon (m) de thé | [salõ də te] |
| | | |
| camarero (m) | serveur (m) | [sɛrvœr] |
| camarera (f) | serveuse (f) | [sɛrvøz] |
| barman (m) | barman (m) | [barman] |
| | | |
| carta (f), menú (m) | carte (f) | [kart] |
| carta (f) de vinos | carte (f) des vins | [kart de vɛ̃] |
| reservar una mesa | réserver une table | [rezɛrve yn tabl] |
| | | |
| plato (m) | plat (m) | [pla] |
| pedir (vt) | commander (vt) | [kɔmãde] |
| hacer el pedido | faire la commande | [fɛr la kɔmãd] |
| | | |
| aperitivo (m) | apéritif (m) | [aperitif] |
| entremés (m) | hors-d'œuvre (m) | [ɔrdœvr] |
| postre (m) | dessert (m) | [desɛr] |
| | | |
| cuenta (f) | addition (f) | [adisjõ] |
| pagar la cuenta | régler l'addition | [regle ladisjõ] |
| dar la vuelta | rendre la monnaie | [rãdr la mɔnɛ] |
| propina (f) | pourboire (m) | [purbwar] |

## 50. Las comidas

| | | |
|---|---|---|
| comida (f) | nourriture (f) | [nurityr] |
| comer (vi, vt) | manger (vi, vt) | [mãʒe] |

| | | |
|---|---|---|
| desayuno (m) | petit déjeuner (m) | [pəti deʒœne] |
| desayunar (vi) | prendre le petit déjeuner | [prɑ̃dr ləpti deʒœne] |
| almuerzo (m) | déjeuner (m) | [deʒœne] |
| almorzar (vi) | déjeuner (vi) | [deʒœne] |
| cena (f) | dîner (m) | [dine] |
| cenar (vi) | dîner (vi) | [dine] |

| | | |
|---|---|---|
| apetito (m) | appétit (m) | [apeti] |
| ¡Que aproveche! | Bon appétit! | [bɔn apeti] |

| | | |
|---|---|---|
| abrir (vt) | ouvrir (vt) | [uvrir] |
| derramar (líquido) | renverser (vt) | [rɑ̃vɛrse] |
| derramarse (líquido) | se renverser (vp) | [sə rɑ̃vɛrse] |

| | | |
|---|---|---|
| hervir (vi) | bouillir (vi) | [bujir] |
| hervir (vt) | faire bouillir | [fɛr bujir] |
| hervido (agua ~a) | bouilli (adj) | [buji] |
| enfriar (vt) | refroidir (vt) | [rəfrwadir] |
| enfriarse (vr) | se refroidir (vp) | [sə rəfrwadir] |

| | | |
|---|---|---|
| sabor (m) | goût (m) | [gu] |
| regusto (m) | arrière-goût (m) | [arjɛrgu] |

| | | |
|---|---|---|
| adelgazar (vi) | suivre un régime | [sɥivr œ̃ reʒim] |
| dieta (f) | régime (m) | [reʒim] |
| vitamina (f) | vitamine (f) | [vitamin] |
| caloría (f) | calorie (f) | [kalɔri] |
| vegetariano (m) | végétarien (m) | [veʒetarjɛ̃] |
| vegetariano (adj) | végétarien (adj) | [veʒetarjɛ̃] |

| | | |
|---|---|---|
| grasas (f pl) | lipides (m pl) | [lipid] |
| proteínas (f pl) | protéines (f pl) | [protein] |
| carbohidratos (m pl) | glucides (m pl) | [glysid] |
| loncha (f) | tranche (f) | [trɑ̃ʃ] |
| pedazo (m) | morceau (m) | [mɔrso] |
| miga (f) | miette (f) | [mjɛt] |

## 51. Los platos al horno

| | | |
|---|---|---|
| plato (m) | plat (m) | [pla] |
| cocina (f) | cuisine (f) | [kɥizin] |
| receta (f) | recette (f) | [rəsɛt] |
| porción (f) | portion (f) | [pɔrsjɔ̃] |

| | | |
|---|---|---|
| ensalada (f) | salade (f) | [salad] |
| sopa (f) | soupe (f) | [sup] |

| | | |
|---|---|---|
| caldo (m) | bouillon (m) | [bujɔ̃] |
| bocadillo (m) | sandwich (m) | [sɑ̃dwitʃ] |
| huevos (m pl) fritos | les œufs brouillés | [lezø bruje] |

| | | |
|---|---|---|
| hamburguesa (f) | hamburger (m) | [ɑ̃bœrgœr] |
| bistec (m) | steak (m) | [stɛk] |
| guarnición (f) | garniture (f) | [garnityr] |

| espagueti (m) | spaghettis (m pl) | [spagɛti] |
| puré (m) de patatas | purée (f) | [pyre] |
| pizza (f) | pizza (f) | [pidza] |
| gachas (f pl) | bouillie (f) | [buji] |
| tortilla (f) francesa | omelette (f) | [ɔmlɛt] |

| cocido en agua (adj) | cuit à l'eau (adj) | [kɥitalo] |
| ahumado (adj) | fumé (adj) | [fyme] |
| frito (adj) | frit (adj) | [fri] |
| seco (adj) | sec (adj) | [sɛk] |
| congelado (adj) | congelé (adj) | [kɔ̃ʒle] |
| marinado (adj) | mariné (adj) | [marine] |

| azucarado (adj) | sucré (adj) | [sykre] |
| salado (adj) | salé (adj) | [sale] |
| frío (adj) | froid (adj) | [frwa] |
| caliente (adj) | chaud (adj) | [ʃo] |
| amargo (adj) | amer (adj) | [amɛr] |
| sabroso (adj) | bon (adj) | [bɔ̃] |

| cocer en agua | cuire à l'eau | [kɥir a lo] |
| preparar (la cena) | préparer (vt) | [prepare] |
| freír (vt) | faire frire | [fɛr frir] |
| calentar (vt) | réchauffer (vt) | [reʃofe] |

| salar (vt) | saler (vt) | [sale] |
| poner pimienta | poivrer (vt) | [pwavre] |
| rallar (vt) | râper (vt) | [rɑpe] |
| piel (f) | peau (f) | [po] |
| pelar (vt) | éplucher (vt) | [eplyʃe] |

## 52. La comida

| carne (f) | viande (f) | [vjɑ̃d] |
| gallina (f) | poulet (m) | [pulɛ] |
| pollo (m) | poulet (m) | [pulɛ] |
| pato (m) | canard (m) | [kanar] |
| ganso (m) | oie (f) | [wa] |
| caza (f) menor | gibier (m) | [ʒibje] |
| pava (f) | dinde (f) | [dɛ̃d] |

| carne (f) de cerdo | du porc | [dy pɔr] |
| carne (f) de ternera | du veau | [dy vo] |
| carne (f) de carnero | du mouton | [dy mutɔ̃] |
| carne (f) de vaca | du bœuf | [dy bœf] |
| conejo (m) | lapin (m) | [lapɛ̃] |

| salchichón (m) | saucisson (m) | [sosisɔ̃] |
| salchicha (f) | saucisse (f) | [sosis] |
| beicon (m) | bacon (m) | [bekɔn] |
| jamón (m) | jambon (m) | [ʒɑ̃bɔ̃] |
| jamón (m) fresco | cuisse (f) | [kɥis] |
| paté (m) | pâté (m) | [pate] |
| hígado (m) | foie (m) | [fwa] |

| | | |
|---|---|---|
| carne (f) picada | farce (f) | [fars] |
| lengua (f) | langue (f) | [lɑ̃g] |
| | | |
| huevo (m) | œuf (m) | [œf] |
| huevos (m pl) | les œufs | [lezø] |
| clara (f) | blanc (m) d'œuf | [blɑ̃ dœf] |
| yema (f) | jaune (m) d'œuf | [ʒon dœf] |
| | | |
| pescado (m) | poisson (m) | [pwasɔ̃] |
| mariscos (m pl) | fruits (m pl) de mer | [frɥi də mɛr] |
| crustáceos (m pl) | crustacés (m pl) | [krystase] |
| caviar (m) | caviar (m) | [kavjar] |
| | | |
| cangrejo (m) de mar | crabe (m) | [krab] |
| camarón (m) | crevette (f) | [krəvɛt] |
| ostra (f) | huître (f) | [ɥitr] |
| langosta (f) | langoustine (f) | [lɑ̃gustin] |
| pulpo (m) | poulpe (m) | [pulp] |
| calamar (m) | calamar (m) | [kalamar] |
| | | |
| esturión (m) | esturgeon (m) | [ɛstyrʒɔ̃] |
| salmón (m) | saumon (m) | [somɔ̃] |
| fletán (m) | flétan (m) | [fletɑ̃] |
| | | |
| bacalao (m) | morue (f) | [mɔry] |
| caballa (f) | maquereau (m) | [makro] |
| atún (m) | thon (m) | [tɔ̃] |
| anguila (f) | anguille (f) | [ɑ̃gij] |
| | | |
| trucha (f) | truite (f) | [trɥit] |
| sardina (f) | sardine (f) | [sardin] |
| lucio (m) | brochet (m) | [brɔʃɛ] |
| arenque (m) | hareng (m) | [arɑ̃] |
| | | |
| pan (m) | pain (m) | [pɛ̃] |
| queso (m) | fromage (m) | [frɔmaʒ] |
| azúcar (m) | sucre (m) | [sykr] |
| sal (f) | sel (m) | [sɛl] |
| | | |
| arroz (m) | riz (m) | [ri] |
| macarrones (m pl) | pâtes (m pl) | [pɑt] |
| tallarines (m pl) | nouilles (f pl) | [nuj] |
| | | |
| mantequilla (f) | beurre (m) | [bœr] |
| aceite (m) vegetal | huile (f) végétale | [ɥil veʒetal] |
| aceite (m) de girasol | huile (f) de tournesol | [ɥil də turnəsɔl] |
| margarina (f) | margarine (f) | [margarin] |
| | | |
| olivas (f pl) | olives (f pl) | [ɔliv] |
| aceite (m) de oliva | huile (f) d'olive | [ɥil dɔliv] |
| | | |
| leche (f) | lait (m) | [lɛ] |
| leche (f) condensada | lait (m) condensé | [lɛ kɔ̃dɑ̃se] |
| yogur (m) | yogourt (m) | [jaurt] |
| nata (f) agria | crème (f) aigre | [krɛm ɛgr] |
| nata (f) líquida | crème (f) | [krɛm] |

| | | |
|---|---|---|
| mayonesa (f) | sauce (f) mayonnaise | [sos majɔnɛz] |
| crema (f) de mantequilla | crème (f) au beurre | [krɛm o bœr] |
| cereal molido grueso | gruau (m) | [gryo] |
| harina (f) | farine (f) | [farin] |
| conservas (f pl) | conserves (f pl) | [kɔ̃sɛrv] |
| copos (m pl) de maíz | pétales (m pl) de maïs | [petal də mais] |
| miel (f) | miel (m) | [mjɛl] |
| confitura (f) | confiture (f) | [kɔ̃fityr] |
| chicle (m) | gomme (f) à mâcher | [gɔm a maʃe] |

## 53. Las bebidas

| | | |
|---|---|---|
| agua (f) | eau (f) | [o] |
| agua (f) potable | eau (f) potable | [o pɔtabl] |
| agua (f) mineral | eau (f) minérale | [o mineral] |
| sin gas | plate (adj) | [plat] |
| gaseoso (adj) | gazeuse (adj) | [gazøz] |
| con gas | pétillante (adj) | [petijɑ̃t] |
| hielo (m) | glace (f) | [glas] |
| con hielo | avec de la glace | [avɛk dəla glas] |
| sin alcohol | sans alcool | [sɑ̃ zalkɔl] |
| bebida (f) sin alcohol | boisson (f) non alcoolisée | [bwasɔ̃ nonalkɔlize] |
| refresco (m) | rafraîchissement (m) | [rafrɛʃismɑ̃] |
| limonada (f) | limonade (f) | [limɔnad] |
| bebidas (f pl) alcohólicas | boissons (f pl) alcoolisées | [bwasɔ̃ alkɔlize] |
| vino (m) | vin (m) | [vɛ̃] |
| vino (m) blanco | vin (m) blanc | [vɛ̃ blɑ̃] |
| vino (m) tinto | vin (m) rouge | [vɛ̃ ruʒ] |
| licor (m) | liqueur (f) | [likœr] |
| champaña (f) | champagne (m) | [ʃɑ̃paɲ] |
| vermú (m) | vermouth (m) | [vɛrmut] |
| whisky (m) | whisky (m) | [wiski] |
| vodka (m) | vodka (f) | [vɔdka] |
| ginebra (f) | gin (m) | [dʒin] |
| coñac (m) | cognac (m) | [kɔɲak] |
| ron (m) | rhum (m) | [rɔm] |
| café (m) | café (m) | [kafe] |
| café (m) solo | café (m) noir | [kafe nwar] |
| café (m) con leche | café (m) au lait | [kafe o lɛ] |
| capuchino (m) | cappuccino (m) | [kaputʃino] |
| café (m) soluble | café (m) soluble | [kafe sɔlybl] |
| leche (f) | lait (m) | [lɛ] |
| cóctel (m) | cocktail (m) | [kɔktɛl] |
| batido (m) | cocktail (m) au lait | [kɔktɛl o lɛ] |
| zumo (m), jugo (m) | jus (m) | [ʒy] |

59

| | | |
|---|---|---|
| jugo (m) de tomate | jus (m) de tomate | [ʒy də tɔmat] |
| zumo (m) de naranja | jus (m) d'orange | [ʒy dɔrãʒ] |
| zumo (m) fresco | jus (m) pressé | [ʒy prese] |
| | | |
| cerveza (f) | bière (f) | [bjɛr] |
| cerveza (f) rubia | bière (f) blonde | [bjɛr blõd] |
| cerveza (f) negra | bière (f) brune | [bjɛr bryn] |
| | | |
| té (m) | thé (m) | [te] |
| té (m) negro | thé (m) noir | [te nwar] |
| té (m) verde | thé (m) vert | [te vɛr] |

## 54. Las verduras

| | | |
|---|---|---|
| legumbres (f pl) | légumes (m pl) | [legym] |
| verduras (f pl) | verdure (f) | [vɛrdyr] |
| | | |
| tomate (m) | tomate (f) | [tɔmat] |
| pepino (m) | concombre (m) | [kõkõbr] |
| zanahoria (f) | carotte (f) | [karɔt] |
| patata (f) | pomme (f) de terre | [pɔm də tɛr] |
| cebolla (f) | oignon (m) | [ɔɲõ] |
| ajo (m) | ail (m) | [aj] |
| | | |
| col (f) | chou (m) | [ʃu] |
| coliflor (f) | chou-fleur (m) | [ʃuflœr] |
| | | |
| col (f) de Bruselas | chou (m) de Bruxelles | [ʃu də brysɛl] |
| brócoli (m) | brocoli (m) | [brɔkɔli] |
| | | |
| remolacha (f) | betterave (f) | [bɛtrav] |
| berenjena (f) | aubergine (f) | [obɛrʒin] |
| calabacín (m) | courgette (f) | [kurʒɛt] |
| | | |
| calabaza (f) | potiron (m) | [pɔtirõ] |
| nabo (m) | navet (m) | [navɛ] |
| | | |
| perejil (m) | persil (m) | [pɛrsi] |
| eneldo (m) | fenouil (m) | [fənuj] |
| lechuga (f) | laitue (f), salade (f) | [lety], [salad] |
| apio (m) | céleri (m) | [sɛlri] |
| | | |
| espárrago (m) | asperge (f) | [aspɛrʒ] |
| espinaca (f) | épinard (m) | [epinar] |
| | | |
| guisante (m) | pois (m) | [pwa] |
| habas (f pl) | fèves (f pl) | [fɛv] |
| | | |
| maíz (m) | maïs (m) | [mais] |
| fréjol (m) | haricot (m) | [ariko] |
| | | |
| pimentón (m) | poivron (m) | [pwavrõ] |
| rábano (m) | radis (m) | [radi] |
| alcachofa (f) | artichaut (m) | [artiʃo] |

## 55. Las frutas. Las nueces

| | | |
|---|---|---|
| fruto (m) | fruit (m) | [frɥi] |
| manzana (f) | pomme (f) | [pɔm] |
| pera (f) | poire (f) | [pwar] |
| limón (m) | citron (m) | [sitrɔ̃] |
| naranja (f) | orange (f) | [ɔrɑ̃ʒ] |
| fresa (f) | fraise (f) | [frɛz] |
| | | |
| mandarina (f) | mandarine (f) | [mɑ̃darin] |
| ciruela (f) | prune (f) | [pryn] |
| melocotón (m) | pêche (f) | [pɛʃ] |
| albaricoque (m) | abricot (m) | [abriko] |
| frambuesa (f) | framboise (f) | [frɑ̃bwaz] |
| ananás (m) | ananas (m) | [anana] |
| | | |
| banana (f) | banane (f) | [banan] |
| sandía (f) | pastèque (f) | [pastɛk] |
| uva (f) | raisin (m) | [rɛzɛ̃] |
| guinda (f) | cerise (f) | [səriz] |
| cereza (f) | merise (f) | [məriz] |
| melón (m) | melon (m) | [məlɔ̃] |
| | | |
| pomelo (m) | pamplemousse (m) | [pɑ̃pləmus] |
| aguacate (m) | avocat (m) | [avɔka] |
| papaya (m) | papaye (f) | [papaj] |
| mango (m) | mangue (f) | [mɑ̃g] |
| granada (f) | grenade (f) | [grənad] |
| | | |
| grosella (f) roja | groseille (f) rouge | [grozɛj ruʒ] |
| grosella (f) negra | cassis (m) | [kasis] |
| grosella (f) espinosa | groseille (f) verte | [grozɛj vɛrt] |
| arándano (m) | myrtille (f) | [mirtij] |
| zarzamoras (f pl) | mûre (f) | [myr] |
| | | |
| pasas (f pl) | raisin (m) sec | [rɛzɛ̃ sɛk] |
| higo (m) | figue (f) | [fig] |
| dátil (m) | datte (f) | [dat] |
| | | |
| cacahuete (m) | cacahuète (f) | [kakawɛt] |
| almendra (f) | amande (f) | [amɑ̃d] |
| nuez (f) | noix (f) | [nwa] |
| avellana (f) | noisette (f) | [nwazɛt] |
| nuez (f) de coco | noix (f) de coco | [nwa də kɔkɔ] |
| pistachos (m pl) | pistaches (f pl) | [pistaʃ] |

## 56. El pan. Los dulces

| | | |
|---|---|---|
| pasteles (m pl) | confiserie (f) | [kɔ̃fizri] |
| pan (m) | pain (m) | [pɛ̃] |
| galletas (f pl) | biscuit (m) | [biskɥi] |
| chocolate (m) | chocolat (m) | [ʃɔkɔla] |
| de chocolate (adj) | en chocolat (adj) | [ɑ̃ ʃɔkɔla] |

| caramelo (m) | bonbon (m) | [bɔ̃bɔ̃] |
| tarta (f) (pequeña) | gâteau (m) | [gato] |
| tarta (f) (~ de cumpleaños) | tarte (f) | [tart] |

| pastel (m) (~ de manzana) | gâteau (m) | [gato] |
| relleno (m) | garniture (f) | [garnityr] |

| confitura (f) | confiture (f) | [kɔ̃fityr] |
| mermelada (f) | marmelade (f) | [marmǝlad] |
| gofre (m) | gaufre (f) | [gofr] |
| helado (m) | glace (f) | [glas] |
| pudín (f) | pudding (m) | [pudiŋ] |

## 57. Las especias

| sal (f) | sel (m) | [sɛl] |
| salado (adj) | salé (adj) | [sale] |
| salar (vt) | saler (vt) | [sale] |

| pimienta (f) negra | poivre (m) noir | [pwavr nwar] |
| pimienta (f) roja | poivre (m) rouge | [pwavr ruʒ] |
| mostaza (f) | moutarde (f) | [mutard] |
| rábano (m) picante | raifort (m) | [rɛfɔr] |

| condimento (m) | condiment (m) | [kɔ̃dimɑ̃] |
| especia (f) | épice (f) | [epis] |
| salsa (f) | sauce (f) | [sos] |
| vinagre (m) | vinaigre (m) | [vinɛgr] |

| anís (m) | anis (m) | [ani(s)] |
| albahaca (f) | basilic (m) | [bazilik] |
| clavo (m) | clou (m) de girofle | [klu dǝ ʒirɔfl] |
| jengibre (m) | gingembre (m) | [ʒɛ̃ʒɑ̃br] |
| cilantro (m) | coriandre (m) | [kɔrjɑ̃dr] |
| canela (f) | cannelle (f) | [kanɛl] |

| sésamo (m) | sésame (m) | [sezam] |
| hoja (f) de laurel | feuille (f) de laurier | [fœj dǝ lɔrje] |
| paprika (f) | paprika (m) | [paprika] |
| comino (m) | cumin (m) | [kymɛ̃] |
| azafrán (m) | safran (m) | [safrɑ̃] |

# LA INFORMACIÓN PERSONAL. LA FAMILIA

## 58. La información personal. Los formularios

| | | |
|---|---|---|
| nombre (m) | prénom (m) | [prenɔ̃] |
| apellido (m) | nom (m) de famille | [nɔ̃ də famij] |
| fecha (f) de nacimiento | date (f) de naissance | [dat də nɛsɑ̃s] |
| lugar (m) de nacimiento | lieu (m) de naissance | [ljø də nɛsɑ̃s] |
| | | |
| nacionalidad (f) | nationalité (f) | [nasjɔnalite] |
| domicilio (m) | domicile (m) | [dɔmisil] |
| país (m) | pays (m) | [pei] |
| profesión (f) | profession (f) | [prɔfɛsjɔ̃] |
| | | |
| sexo (m) | sexe (m) | [sɛks] |
| estatura (f) | taille (f) | [taj] |
| peso (m) | poids (m) | [pwa] |

## 59. Los familiares. Los parientes

| | | |
|---|---|---|
| madre (f) | mère (f) | [mɛr] |
| padre (m) | père (m) | [pɛr] |
| hijo (m) | fils (m) | [fis] |
| hija (f) | fille (f) | [fij] |
| | | |
| hija (f) menor | fille (f) cadette | [fij kadɛt] |
| hijo (m) menor | fils (m) cadet | [fis kadɛ] |
| hija (f) mayor | fille (f) aînée | [fij ene] |
| hijo (m) mayor | fils (m) aîné | [fis ene] |
| | | |
| hermano (m) | frère (m) | [frɛr] |
| hermana (f) | sœur (f) | [sœr] |
| | | |
| primo (m) | cousin (m) | [kuzɛ̃] |
| prima (f) | cousine (f) | [kuzin] |
| mamá (f) | maman (f) | [mamɑ̃] |
| papá (m) | papa (m) | [papa] |
| padres (m pl) | parents (pl) | [parɑ̃] |
| niño -a (m, f) | enfant (m, f) | [ɑ̃fɑ̃] |
| niños (m pl) | enfants (pl) | [ɑ̃fɑ̃] |
| | | |
| abuela (f) | grand-mère (f) | [grɑ̃mɛr] |
| abuelo (m) | grand-père (m) | [grɑ̃pɛr] |
| nieto (m) | petit-fils (m) | [pti fis] |
| nieta (f) | petite-fille (f) | [ptit fij] |
| nietos (m pl) | petits-enfants (pl) | [pətizɑ̃fɑ̃] |
| tío (m) | oncle (m) | [ɔ̃kl] |
| tía (f) | tante (f) | [tɑ̃t] |

| | | |
|---|---|---|
| sobrino (m) | neveu (m) | [nəvø] |
| sobrina (f) | nièce (f) | [njɛs] |

| | | |
|---|---|---|
| suegra (f) | belle-mère (f) | [bɛlmɛr] |
| suegro (m) | beau-père (m) | [bopɛr] |
| yerno (m) | gendre (m) | [ʒɑ̃dr] |
| madrastra (f) | belle-mère, marâtre (f) | [bɛlmɛr], [marɑtr] |
| padrastro (m) | beau-père (m) | [bopɛr] |

| | | |
|---|---|---|
| niño (m) de pecho | nourrisson (m) | [nurisɔ̃] |
| bebé (m) | bébé (m) | [bebe] |
| chico (m) | petit (m) | [pti] |

| | | |
|---|---|---|
| mujer (f) | femme (f) | [fam] |
| marido (m) | mari (m) | [mari] |
| esposo (m) | époux (m) | [epu] |
| esposa (f) | épouse (f) | [epuz] |

| | | |
|---|---|---|
| casado (adj) | marié (adj) | [marje] |
| casada (adj) | mariée (adj) | [marje] |
| soltero (adj) | célibataire (adj) | [selibatɛr] |
| soltero (m) | célibataire (m) | [selibatɛr] |
| divorciado (adj) | divorcé (adj) | [divɔrse] |
| viuda (f) | veuve (f) | [vœv] |
| viudo (m) | veuf (m) | [vœf] |

| | | |
|---|---|---|
| pariente (m) | parent (m) | [parɑ̃] |
| pariente (m) cercano | parent (m) proche | [parɑ̃ prɔʃ] |
| pariente (m) lejano | parent (m) éloigné | [parɑ̃ elwaɲe] |
| parientes (m pl) | parents (m pl) | [parɑ̃] |

| | | |
|---|---|---|
| huérfano (m) | orphelin (m) | [ɔrfəlɛ̃] |
| huérfana (f) | orpheline (f) | [ɔrfəlin] |
| tutor (m) | tuteur (m) | [tytœr] |
| adoptar (un niño) | adopter (vt) | [adɔpte] |
| adoptar (una niña) | adopter (vt) | [adɔpte] |

## 60. Los amigos. Los compañeros del trabajo

| | | |
|---|---|---|
| amigo (m) | ami (m) | [ami] |
| amiga (f) | amie (f) | [ami] |
| amistad (f) | amitié (f) | [amitje] |
| ser amigo | être ami | [ɛtr ami] |

| | | |
|---|---|---|
| amigote (m) | copain (m) | [kɔpɛ̃] |
| amiguete (f) | copine (f) | [kɔpin] |
| compañero (m) | partenaire (m) | [partənɛr] |

| | | |
|---|---|---|
| jefe (m) | chef (m) | [ʃɛf] |
| superior (m) | supérieur (m) | [syperjœr] |
| propietario (m) | propriétaire (m) | [prɔprijetɛr] |
| subordinado (m) | subordonné (m) | [sybɔrdɔne] |
| colega (m, f) | collègue (m, f) | [kɔlɛg] |
| conocido (m) | connaissance (f) | [kɔnɛsɑ̃s] |

| | | |
|---|---|---|
| compañero (m) de viaje | **compagnon** (m) **de route** | [kõpaɲõ də rut] |
| condiscípulo (m) | **copain** (m) **de classe** | [kɔpɛ̃ də klas] |
| | | |
| vecino (m) | **voisin** (m) | [vwazɛ̃] |
| vecina (f) | **voisine** (f) | [vwazin] |
| vecinos (m pl) | **voisins** (m pl) | [vwazɛ̃] |

# EL CUERPO. LA MEDICINA

## 61. La cabeza

| | | |
|---|---|---|
| cabeza (f) | tête (f) | [tɛt] |
| cara (f) | visage (m) | [vizaʒ] |
| nariz (f) | nez (m) | [ne] |
| boca (f) | bouche (f) | [buʃ] |
| ojo (m) | œil (m) | [œj] |
| ojos (m pl) | les yeux | [lezjø] |
| pupila (f) | pupille (f) | [pypij] |
| ceja (f) | sourcil (m) | [sursi] |
| pestaña (f) | cil (m) | [sil] |
| párpado (m) | paupière (f) | [popjɛr] |
| lengua (f) | langue (f) | [lɑ̃g] |
| diente (m) | dent (f) | [dɑ̃] |
| labios (m pl) | lèvres (f pl) | [lɛvr] |
| pómulos (m pl) | pommettes (f pl) | [pɔmɛt] |
| encía (f) | gencive (f) | [ʒɑ̃siv] |
| paladar (m) | palais (m) | [palɛ] |
| ventanas (f pl) | narines (f pl) | [narin] |
| mentón (m) | menton (m) | [mɑ̃tɔ̃] |
| mandíbula (f) | mâchoire (f) | [mɑʃwar] |
| mejilla (f) | joue (f) | [ʒu] |
| frente (f) | front (m) | [frɔ̃] |
| sien (f) | tempe (f) | [tɑ̃p] |
| oreja (f) | oreille (f) | [ɔrɛj] |
| nuca (f) | nuque (f) | [nyk] |
| cuello (m) | cou (m) | [ku] |
| garganta (f) | gorge (f) | [gɔrʒ] |
| pelo, cabello (m) | cheveux (m pl) | [ʃevø] |
| peinado (m) | coiffure (f) | [kwafyr] |
| corte (m) de pelo | coupe (f) | [kup] |
| peluca (f) | perruque (f) | [peryk] |
| bigote (m) | moustache (f) | [mustaʃ] |
| barba (f) | barbe (f) | [barb] |
| tener (~ la barba) | porter (vt) | [pɔrte] |
| trenza (f) | tresse (f) | [trɛs] |
| patillas (f pl) | favoris (m pl) | [favɔri] |
| pelirrojo (adj) | roux (adj) | [ru] |
| gris, canoso (adj) | gris (adj) | [gri] |
| calvo (adj) | chauve (adj) | [ʃov] |
| calva (f) | calvitie (f) | [kalvisi] |

| cola (f) de caballo | queue (f) de cheval | [kø də ʃəval] |
| flequillo (m) | frange (f) | [frãʒ] |

## 62. El cuerpo

| mano (f) | main (f) | [mɛ̃] |
| brazo (m) | bras (m) | [bra] |

| dedo (m) | doigt (m) | [dwa] |
| dedo (m) del pie | orteil (m) | [ɔrtɛj] |
| dedo (m) pulgar | pouce (m) | [pus] |
| dedo (m) meñique | petit doigt (m) | [pəti dwa] |
| uña (f) | ongle (m) | [ɔ̃gl] |

| puño (m) | poing (m) | [pwɛ̃] |
| palma (f) | paume (f) | [pom] |
| muñeca (f) | poignet (m) | [pwaɲɛ] |
| antebrazo (m) | avant-bras (m) | [avãbra] |
| codo (m) | coude (m) | [kud] |
| hombro (m) | épaule (f) | [epol] |

| pierna (f) | jambe (f) | [ʒãb] |
| planta (f) | pied (m) | [pje] |
| rodilla (f) | genou (m) | [ʒənu] |
| pantorrilla (f) | mollet (m) | [mɔlɛ] |
| cadera (f) | hanche (f) | [ãʃ] |
| talón (m) | talon (m) | [talɔ̃] |

| cuerpo (m) | corps (m) | [kɔr] |
| vientre (m) | ventre (m) | [vãtr] |
| pecho (m) | poitrine (f) | [pwatrin] |
| seno (m) | sein (m) | [sɛ̃] |
| lado (m), costado (m) | côté (m) | [kote] |
| espalda (f) | dos (m) | [do] |
| zona (f) lumbar | reins (m pl), région (f) lombaire | [rɛn], [reʒjɔ̃ lɔ̃bɛr] |
| cintura (f), talle (m) | taille (f) | [taj] |

| ombligo (m) | nombril (m) | [nɔ̃bril] |
| nalgas (f pl) | fesses (f pl) | [fɛs] |
| trasero (m) | derrière (m) | [dɛrjɛr] |

| lunar (m) | grain (m) de beauté | [grɛ̃ də bote] |
| marca (f) de nacimiento | tache (f) de vin | [taʃ də vɛ̃] |
| tatuaje (m) | tatouage (m) | [tatwaʒ] |
| cicatriz (f) | cicatrice (f) | [sikatris] |

## 63. Las enfermedades

| enfermedad (f) | maladie (f) | [maladi] |
| estar enfermo | être malade | [ɛtr malad] |
| salud (f) | santé (f) | [sãte] |

| | | |
|---|---|---|
| resfriado (m) (coriza) | rhume (m) | [rym] |
| angina (f) | angine (f) | [ãʒin] |
| resfriado (m) | refroidissement (m) | [rəfrwadismã] |
| resfriarse (vr) | prendre froid | [prãdr frwa] |

| | | |
|---|---|---|
| bronquitis (f) | bronchite (f) | [brõʃit] |
| pulmonía (f) | pneumonie (f) | [pnømɔni] |
| gripe (f) | grippe (f) | [grip] |

| | | |
|---|---|---|
| miope (adj) | myope (adj) | [mjɔp] |
| présbita (adj) | presbyte (adj) | [prɛsbit] |
| estrabismo (m) | strabisme (m) | [strabism] |
| estrábico (m) (adj) | strabique (adj) | [strabik] |
| catarata (f) | cataracte (f) | [katarakt] |
| glaucoma (f) | glaucome (m) | [glokom] |

| | | |
|---|---|---|
| insulto (m) | insulte (f) | [ɛ̃sylt] |
| ataque (m) cardiaco | crise (f) cardiaque | [kriz kardjak] |
| infarto (m) de miocardio | infarctus (m) de myocarde | [ɛ̃farktys də mjɔkard] |
| parálisis (f) | paralysie (f) | [paralizi] |
| paralizar (vt) | paralyser (vt) | [paralize] |

| | | |
|---|---|---|
| alergia (f) | allergie (f) | [alɛrʒi] |
| asma (f) | asthme (m) | [asm] |
| diabetes (m) | diabète (m) | [djabɛt] |

| | | |
|---|---|---|
| dolor (m) de muelas | mal (m) de dents | [mal də dã] |
| caries (f) | carie (f) | [kari] |

| | | |
|---|---|---|
| diarrea (f) | diarrhée (f) | [djare] |
| estreñimiento (m) | constipation (f) | [kõstipasjõ] |
| molestia (f) estomacal | estomac (m) barbouillé | [ɛstɔma barbuje] |
| envenenamiento (m) | intoxication (f) alimentaire | [ɛ̃tɔksikasjɔn alimãtɛr] |
| envenenarse (vr) | être intoxiqué | [ɛtr ɛ̃tɔksike] |

| | | |
|---|---|---|
| artritis (f) | arthrite (f) | [artrit] |
| raquitismo (m) | rachitisme (m) | [raʃitism] |
| reumatismo (m) | rhumatisme (m) | [rymatism] |
| ateroesclerosis (f) | athérosclérose (f) | [ateroskleroz] |

| | | |
|---|---|---|
| gastritis (f) | gastrite (f) | [gastrit] |
| apendicitis (f) | appendicite (f) | [apɛ̃disit] |
| colecistitis (m) | cholécystite (f) | [kɔlesistit] |
| úlcera (f) | ulcère (m) | [ylsɛr] |

| | | |
|---|---|---|
| sarampión (m) | rougeole (f) | [ruʒɔl] |
| rubeola (f) | rubéole (f) | [rybeɔl] |
| ictericia (f) | jaunisse (f) | [ʒonis] |
| hepatitis (f) | hépatite (f) | [epatit] |

| | | |
|---|---|---|
| esquizofrenia (f) | schizophrénie (f) | [skizɔfreni] |
| rabia (f) (hidrofobia) | rage (f) | [raʒ] |
| neurosis (f) | névrose (f) | [nevroz] |
| conmoción (m) cerebral | commotion (f) cérébrale | [kɔmɔsjõ serebral] |
| cáncer (m) | cancer (m) | [kãsɛr] |
| esclerosis (f) | sclérose (f) | [skleroz] |

| | | |
|---|---|---|
| esclerosis (m) múltiple | sclérose (f) en plaques | [skleroz ɑ̃ plak] |
| alcoholismo (m) | alcoolisme (m) | [alkɔlism] |
| alcohólico (m) | alcoolique (m) | [alkɔlik] |
| sífilis (f) | syphilis (f) | [sifilis] |
| SIDA (f) | SIDA (m) | [sida] |
| | | |
| tumor (m) | tumeur (f) | [tymœr] |
| maligno (adj) | maligne (adj) | [maliɲ] |
| benigno (adj) | bénigne (adj) | [beniɲ] |
| | | |
| fiebre (f) | fièvre (f) | [fjɛvr] |
| malaria (f) | malaria (f) | [malarja] |
| gangrena (f) | gangrène (f) | [gɑ̃grɛn] |
| mareo (m) | mal (m) de mer | [mal də mɛr] |
| epilepsia (f) | épilepsie (f) | [epilɛpsi] |
| | | |
| epidemia (f) | épidémie (f) | [epidemi] |
| tifus (m) | typhus (m) | [tifys] |
| tuberculosis (f) | tuberculose (f) | [tybɛrkyloz] |
| cólera (f) | choléra (m) | [kɔlera] |
| peste (f) | peste (f) | [pɛst] |

## 64. Los síntomas. Los tratamientos. Unidad 1

| | | |
|---|---|---|
| síntoma (m) | symptôme (m) | [sɛ̃ptom] |
| temperatura (f) | température (f) | [tɑ̃peratyr] |
| fiebre (f) | fièvre (f) | [fjɛvr] |
| pulso (m) | pouls (m) | [pu] |
| | | |
| mareo (m) (vértigo) | vertige (m) | [vɛrtiʒ] |
| caliente (adj) | chaud (adj) | [ʃo] |
| escalofrío (m) | frisson (m) | [frisɔ̃] |
| pálido (adj) | pâle (adj) | [pɑl] |
| | | |
| tos (f) | toux (f) | [tu] |
| toser (vi) | tousser (vi) | [tuse] |
| estornudar (vi) | éternuer (vi) | [etɛrnɥe] |
| desmayo (m) | évanouissement (m) | [evanwismɑ̃] |
| desmayarse (vr) | s'évanouir (vp) | [sevanwir] |
| | | |
| moradura (f) | bleu (m) | [blø] |
| chichón (m) | bosse (f) | [bɔs] |
| golpearse (vr) | se heurter (vp) | [sə œrte] |
| magulladura (f) | meurtrissure (f) | [mœrtrisyr] |
| magullarse (vr) | se faire mal | [sə fɛr mal] |
| | | |
| cojear (vi) | boiter (vi) | [bwate] |
| dislocación (f) | foulure (f) | [fulyr] |
| dislocar (vt) | se démettre (vp) | [sə demɛtr] |
| fractura (f) | fracture (f) | [fraktyr] |
| tener una fractura | avoir une fracture | [avwar yn fraktyr] |
| | | |
| corte (m) (tajo) | coupure (f) | [kupyr] |
| cortarse (vr) | se couper (vp) | [sə kupe] |

| hemorragia (f) | hémorragie (f) | [emɔraʒi] |
| quemadura (f) | brûlure (f) | [brylyr] |
| quemarse (vr) | se brûler (vp) | [sə bryle] |

| pincharse (el dedo) | se piquer (vp) | [sə pike] |
| pincharse (vr) | se piquer (vp) | [sə pike] |
| herir (vt) | blesser (vt) | [blese] |
| herida (f) | blessure (f) | [blesyr] |
| lesión (f) (herida) | blessure (f) | [blesyr] |
| trauma (m) | trauma (m) | [troma] |

| delirar (vi) | délirer (vi) | [delire] |
| tartamudear (vi) | bégayer (vi) | [begeje] |
| insolación (f) | insolation (f) | [ɛ̃sɔlasjɔ̃] |

## 65. Los síntomas. Los tratamientos. Unidad 2

| dolor (m) | douleur (f) | [dulœr] |
| astilla (f) | écharde (f) | [eʃard] |

| sudor (m) | sueur (f) | [sɥœr] |
| sudar (vi) | suer (vi) | [sɥe] |
| vómito (m) | vomissement (m) | [vɔmismɑ̃] |
| convulsiones (f) | spasmes (m pl) | [spasm] |

| embarazada (adj) | enceinte (adj) | [ɑ̃sɛ̃t] |
| nacer (vi) | naître (vi) | [nɛtr] |
| parto (m) | accouchement (m) | [akuʃmɑ̃] |
| dar a luz | accoucher (vt) | [akuʃe] |
| aborto (m) | avortement (m) | [avɔrtəmɑ̃] |

| respiración (f) | respiration (f) | [rɛspirasjɔ̃] |
| inspiración (f) | inhalation (f) | [inalasjɔ̃] |
| espiración (f) | expiration (f) | [ɛkspirasjɔ̃] |
| espirar (vi) | expirer (vi) | [ɛkspire] |
| inspirar (vi) | inspirer (vi) | [inale] |

| inválido (m) | invalide (m) | [ɛ̃valid] |
| mutilado (m) | handicapé (m) | [ɑ̃dikape] |
| drogadicto (m) | drogué (m) | [drɔge] |

| sordo (adj) | sourd (adj) | [sur] |
| mudo (adj) | muet (adj) | [mɥɛ] |
| sordomudo (adj) | sourd-muet (adj) | [surmɥɛ] |

| loco (adj) | fou (adj) | [fu] |
| loco (m) | fou (m) | [fu] |
| loca (f) | folle (f) | [fɔl] |
| volverse loco | devenir fou | [dəvnir fu] |

| gen (m) | gène (m) | [ʒɛn] |
| inmunidad (f) | immunité (f) | [imynite] |
| hereditario (adj) | héréditaire (adj) | [ereditɛr] |
| de nacimiento (adj) | congénital (adj) | [kɔ̃ʒenital] |

| virus (m) | virus (m) | [virys] |
| microbio (m) | microbe (m) | [mikrɔb] |
| bacteria (f) | bactérie (f) | [bakteri] |
| infección (f) | infection (f) | [ɛ̃fɛksjɔ̃] |

## 66. Los síntomas. Los tratamientos. Unidad 3

| hospital (m) | hôpital (m) | [ɔpital] |
| paciente (m) | patient (m) | [pasjɑ̃] |

| diagnosis (f) | diagnostic (m) | [djagnɔstik] |
| cura (f) | cure (f) | [kyr] |
| tratamiento (m) | traitement (m) | [trɛtmɑ̃] |
| curarse (vr) | se faire soigner | [sə fɛr swaɲe] |
| tratar (vt) | traiter (vt) | [trete] |
| cuidar (a un enfermo) | soigner (vt) | [swaɲe] |
| cuidados (m pl) | soins (m pl) | [swɛ̃] |

| operación (f) | opération (f) | [ɔperasjɔ̃] |
| vendar (vt) | panser (vt) | [pɑ̃se] |
| vendaje (m) | pansement (m) | [pɑ̃smɑ̃] |

| vacunación (f) | vaccination (f) | [vaksinasjɔ̃] |
| vacunar (vt) | vacciner (vt) | [vaksine] |
| inyección (f) | piqûre (f) | [pikyr] |
| aplicar una inyección | faire une piqûre | [fɛr yn pikyr] |

| ataque (m) | crise, attaque (f) | [kriz], [atak] |
| amputación (f) | amputation (f) | [ɑ̃pytasjɔ̃] |
| amputar (vt) | amputer (vt) | [ɑ̃pyte] |
| coma (m) | coma (m) | [kɔma] |
| estar en coma | être dans le coma | [ɛtr dɑ̃ lə kɔma] |
| revitalización (f) | réanimation (f) | [reanimasjɔ̃] |

| recuperarse (vr) | se rétablir (vp) | [sə retablir] |
| estado (m) (de salud) | état (m) | [eta] |
| consciencia (f) | conscience (f) | [kɔ̃sjɑ̃s] |
| memoria (f) | mémoire (f) | [memwar] |

| extraer (un diente) | arracher (vt) | [araʃe] |
| empaste (m) | plombage (m) | [plɔ̃baʒ] |
| empastar (vt) | plomber (vt) | [plɔ̃be] |

| hipnosis (f) | hypnose (f) | [ipnoz] |
| hipnotizar (vt) | hypnotiser (vt) | [ipnɔtize] |

## 67. La medicina. Las drogas. Los accesorios

| medicamento (m), droga (f) | médicament (m) | [medikamɑ̃] |
| remedio (m) | remède (m) | [rəmɛd] |
| prescribir (vt) | prescrire (vt) | [prɛskrir] |
| receta (f) | ordonnance (f) | [ɔrdɔnɑ̃s] |

| tableta (f) | comprimé (m) | [kɔ̃prime] |
|---|---|---|
| ungüento (m) | onguent (m) | [ɔ̃gɑ̃] |
| ampolla (f) | ampoule (f) | [ɑ̃pul] |
| mixtura (f), mezcla (f) | mixture (f) | [mikstyr] |
| sirope (m) | sirop (m) | [siro] |
| píldora (f) | pilule (f) | [pilyl] |
| polvo (m) | poudre (f) | [pudr] |

| venda (f) | bande (f) | [bɑ̃d] |
|---|---|---|
| algodón (m) (discos de ~) | coton (m) | [kɔtɔ̃] |
| yodo (m) | iode (m) | [jɔd] |

| tirita (f), curita (f) | sparadrap (m) | [sparadra] |
|---|---|---|
| pipeta (f) | compte-gouttes (m) | [kɔ̃tgut] |
| termómetro (m) | thermomètre (m) | [tɛrmɔmɛtr] |
| jeringa (f) | seringue (f) | [sərɛ̃g] |

| silla (f) de ruedas | fauteuil (m) roulant | [fotœj rulɑ̃] |
|---|---|---|
| muletas (f pl) | béquilles (f pl) | [bekij] |

| anestésico (m) | anesthésique (m) | [anɛstezik] |
|---|---|---|
| purgante (m) | purgatif (m) | [pyrgatif] |
| alcohol (m) | alcool (m) | [alkɔl] |
| hierba (f) medicinal | herbe (f) médicinale | [ɛrb medisinal] |
| de hierbas (té ~) | d'herbes (adj) | [dɛrb] |

# EL APARTAMENTO

## 68. El apartamento

| | | |
|---|---|---|
| apartamento (m) | appartement (m) | [apartəmɑ̃] |
| habitación (f) | chambre (f) | [ʃɑ̃br] |
| dormitorio (m) | chambre (f) à coucher | [ʃɑ̃br a kuʃe] |
| comedor (m) | salle (f) à manger | [sal a mɑ̃ʒe] |
| salón (m) | salon (m) | [salɔ̃] |
| despacho (m) | bureau (m) | [byro] |
| | | |
| antecámara (f) | antichambre (f) | [ɑ̃tiʃɑ̃br] |
| cuarto (m) de baño | salle (f) de bains | [sal də bɛ̃] |
| servicio (m) | toilettes (f pl) | [twalɛt] |
| | | |
| techo (m) | plafond (m) | [plafɔ̃] |
| suelo (m) | plancher (m) | [plɑ̃ʃe] |
| rincón (m) | coin (m) | [kwɛ̃] |

## 69. Los muebles. El interior

| | | |
|---|---|---|
| muebles (m pl) | meubles (m pl) | [mœbl] |
| mesa (f) | table (f) | [tabl] |
| silla (f) | chaise (f) | [ʃɛz] |
| cama (f) | lit (m) | [li] |
| sofá (m) | canapé (m) | [kanape] |
| sillón (m) | fauteuil (m) | [fotœj] |
| | | |
| librería (f) | bibliothèque (f) | [biblijotɛk] |
| estante (m) | rayon (m) | [rɛjɔ̃] |
| | | |
| armario (m) | armoire (f) | [armwar] |
| percha (f) | patère (f) | [patɛr] |
| perchero (m) de pie | portemanteau (m) | [pɔrtmɑ̃to] |
| | | |
| cómoda (f) | commode (f) | [kɔmɔd] |
| mesa (f) de café | table (f) basse | [tabl bas] |
| | | |
| espejo (m) | miroir (m) | [mirwar] |
| tapiz (m) | tapis (m) | [tapi] |
| alfombra (f) | petit tapis (m) | [pəti tapi] |
| | | |
| chimenea (f) | cheminée (f) | [ʃəmine] |
| candela (f) | bougie (f) | [buʒi] |
| candelero (m) | chandelier (m) | [ʃɑ̃dəlje] |
| | | |
| cortinas (f pl) | rideaux (m pl) | [rido] |
| empapelado (m) | papier (m) peint | [papje pɛ̃] |

| estor (m) de láminas | jalousie (f) | [ʒaluzi] |
| lámpara (f) de mesa | lampe (f) de table | [lɑ̃p də tabl] |
| candil (m) | applique (f) | [aplik] |
| lámpara (f) de pie | lampadaire (m) | [lɑ̃padɛr] |
| lámpara (f) de araña | lustre (m) | [lystr] |
| | | |
| pata (f) (~ de la mesa) | pied (m) | [pje] |
| brazo (m) | accoudoir (m) | [akudwar] |
| espaldar (m) | dossier (m) | [dosje] |
| cajón (m) | tiroir (m) | [tirwar] |

## 70. Los accesorios de la cama

| ropa (f) de cama | linge (m) de lit | [lɛ̃ʒ də li] |
| almohada (f) | oreiller (m) | [ɔrɛje] |
| funda (f) | taie (f) d'oreiller | [tɛ dɔrɛje] |
| manta (f) | couverture (f) | [kuvɛrtyr] |
| sábana (f) | drap (m) | [dra] |
| sobrecama (f) | couvre-lit (m) | [kuvrəli] |

## 71. La cocina

| cocina (f) | cuisine (f) | [kɥizin] |
| gas (m) | gaz (m) | [gaz] |
| cocina (f) de gas | cuisinière (f) à gaz | [kɥizinjɛr a gaz] |
| cocina (f) eléctrica | cuisinière (f) électrique | [kɥizinjɛr elɛktrik] |
| horno (m) | four (m) | [fur] |
| horno (m) microondas | four (m) micro-ondes | [fur mikrɔɔ̃d] |
| | | |
| frigorífico (m) | réfrigérateur (m) | [refriʒeratœr] |
| congelador (m) | congélateur (m) | [kɔ̃ʒelatœr] |
| lavavajillas (m) | lave-vaisselle (m) | [lavvesɛl] |
| | | |
| picadora (f) de carne | hachoir (m) | [aʃwar] |
| exprimidor (m) | centrifugeuse (f) | [sɑ̃trifyʒøz] |
| tostador (m) | grille-pain (m) | [grijpɛ̃] |
| batidora (f) | batteur (m) | [batœr] |
| cafetera (f) (aparato de cocina) | machine (f) à café | [maʃin a kafe] |
| cafetera (f) (para servir) | cafetière (f) | [kaftjɛr] |
| molinillo (m) de café | moulin (m) à café | [mulɛ̃ a kafe] |
| | | |
| hervidor (m) de agua | bouilloire (f) | [bujwar] |
| tetera (f) | théière (f) | [tejɛr] |
| tapa (f) | couvercle (m) | [kuvɛrkl] |
| colador (m) de té | passoire (f) à thé | [paswar a te] |
| | | |
| cuchara (f) | cuillère (f) | [kɥijɛr] |
| cucharilla (f) | petite cuillère (f) | [pətit kɥijɛr] |
| cuchara (f) de sopa | cuillère (f) à soupe | [kɥijɛr a sup] |
| tenedor (m) | fourchette (f) | [furʃɛt] |
| cuchillo (m) | couteau (m) | [kuto] |

| vajilla (f) | vaisselle (f) | [vɛsɛl] |
| plato (m) | assiette (f) | [asjɛt] |
| platillo (m) | soucoupe (f) | [sukup] |

| vaso (m) de chupito | verre (m) à shot | [vɛr a ʃot] |
| vaso (m) (~ de agua) | verre (m) | [vɛr] |
| taza (f) | tasse (f) | [tɑs] |

| azucarera (f) | sucrier (m) | [sykrije] |
| salero (m) | salière (f) | [saljɛr] |
| pimentero (m) | poivrière (f) | [pwavrijɛr] |
| mantequera (f) | beurrier (m) | [bœrje] |

| cacerola (f) | casserole (f) | [kasrɔl] |
| sartén (f) | poêle (f) | [pwal] |
| cucharón (m) | louche (f) | [luʃ] |
| colador (m) | passoire (f) | [pɑswar] |
| bandeja (f) | plateau (m) | [plato] |

| botella (f) | bouteille (f) | [butɛj] |
| tarro (m) de vidrio | bocal (m) | [bɔkal] |
| lata (f) de hojalata | boîte (f) en fer-blanc | [bwat ɑ̃ fɛrblɑ̃] |

| abrebotellas (m) | ouvre-bouteille (m) | [uvrəbutɛj] |
| abrelatas (m) | ouvre-boîte (m) | [uvrəbwat] |
| sacacorchos (m) | tire-bouchon (m) | [tirbuʃɔ̃] |
| filtro (m) | filtre (m) | [filtr] |
| filtrar (vt) | filtrer (vt) | [filtre] |

| basura (f) | ordures (f pl) | [ɔrdyr] |
| cubo (m) de basura | poubelle (f) | [pubɛl] |

## 72. El baño

| cuarto (m) de baño | salle (f) de bains | [sal də bɛ̃] |
| agua (f) | eau (f) | [o] |
| grifo (m) | robinet (m) | [rɔbinɛ] |
| agua (f) caliente | eau (f) chaude | [o ʃod] |
| agua (f) fría | eau (f) froide | [o frwad] |

| pasta (f) de dientes | dentifrice (m) | [dɑ̃tifris] |
| limpiarse los dientes | se brosser les dents | [sə brɔse le dɑ̃] |
| cepillo (m) de dientes | brosse (f) à dents | [brɔs a dɑ̃] |

| afeitarse (vr) | se raser (vp) | [sə raze] |
| espuma (f) de afeitar | mousse (f) à raser | [mus a raze] |
| maquinilla (f) de afeitar | rasoir (m) | [razwar] |

| lavar (vt) | laver (vt) | [lave] |
| darse un baño | se laver (vp) | [sə lave] |
| ducha (f) | douche (f) | [duʃ] |
| darse una ducha | prendre une douche | [prɑ̃dr yn duʃ] |
| baño (m) | baignoire (f) | [bɛɲwar] |
| inodoro (m) | cuvette (f) | [kyvɛt] |

| | | |
|---|---|---|
| lavabo (m) | lavabo (m) | [lavabo] |
| jabón (m) | savon (m) | [savɔ̃] |
| jabonera (f) | porte-savon (m) | [pɔrtsavɔ̃] |

| | | |
|---|---|---|
| esponja (f) | éponge (f) | [epɔ̃ʒ] |
| champú (m) | shampooing (m) | [ʃɑ̃pwɛ̃] |
| toalla (f) | serviette (f) | [sɛrvjɛt] |
| bata (f) de baño | peignoir (m) de bain | [pɛɲwar də bɛ̃] |

| | | |
|---|---|---|
| colada (f), lavado (m) | lessive (f) | [lɛsiv] |
| lavadora (f) | machine (f) à laver | [maʃin a lave] |
| lavar la ropa | faire la lessive | [fɛr la lɛsiv] |
| detergente (m) en polvo | lessive (f) | [lɛsiv] |

## 73. Los aparatos domésticos

| | | |
|---|---|---|
| televisor (m) | télé (f) | [tele] |
| magnetófono (m) | magnétophone (m) | [maɲetɔfɔn] |
| vídeo (m) | magnétoscope (m) | [maɲetɔskɔp] |
| radio (f) | radio (f) | [radjo] |
| reproductor (m) (~ MP3) | lecteur (m) | [lɛktœr] |

| | | |
|---|---|---|
| proyector (m) de vídeo | vidéoprojecteur (m) | [videoprɔʒɛktœr] |
| sistema (m) home cinema | home cinéma (m) | [həum sinema] |
| reproductor (m) de DVD | lecteur DVD (m) | [lɛktœr devede] |
| amplificador (m) | amplificateur (m) | [ɑ̃plifikatœr] |
| videoconsola (f) | console (f) de jeux | [kɔ̃sɔl də ʒø] |

| | | |
|---|---|---|
| cámara (f) de vídeo | caméscope (m) | [kameskɔp] |
| cámara (f) fotográfica | appareil (m) photo | [aparɛj foto] |
| cámara (f) digital | appareil (m) photo numérique | [aparɛj foto nymerik] |

| | | |
|---|---|---|
| aspirador (m) | aspirateur (m) | [aspiratœr] |
| plancha (f) | fer (m) à repasser | [fɛr a rəpase] |
| tabla (f) de planchar | planche (f) à repasser | [plɑ̃ʃ a rəpase] |

| | | |
|---|---|---|
| teléfono (m) | téléphone (m) | [telefɔn] |
| teléfono (m) móvil | portable (m) | [pɔrtabl] |
| máquina (f) de escribir | machine (f) à écrire | [maʃin a ekrir] |
| máquina (f) de coser | machine (f) à coudre | [maʃin a kudr] |

| | | |
|---|---|---|
| micrófono (m) | micro (m) | [mikro] |
| auriculares (m pl) | écouteurs (m pl) | [ekutœr] |
| mando (m) a distancia | télécommande (f) | [telekɔmɑ̃d] |

| | | |
|---|---|---|
| CD (m) | CD (m) | [sede] |
| casete (m) | cassette (f) | [kasɛt] |
| disco (m) de vinilo | disque (m) vinyle | [disk vinil] |

# LA TIERRA. EL TIEMPO

## 74. El espacio

| | | |
|---|---|---|
| cosmos (m) | cosmos (m) | [kɔsmos] |
| espacial, cósmico (adj) | cosmique (adj) | [kɔsmik] |
| espacio (m) cósmico | espace (m) cosmique | [ɛspas kɔsmik] |
| mundo (m) | monde (m) | [mɔ̃d] |
| universo (m) | univers (m) | [ynivɛr] |
| galaxia (f) | galaxie (f) | [galaksi] |
| estrella (f) | étoile (f) | [etwal] |
| constelación (f) | constellation (f) | [kɔ̃stelasjɔ̃] |
| planeta (m) | planète (f) | [planɛt] |
| satélite (m) | satellite (m) | [satelit] |
| meteorito (m) | météorite (m) | [meteɔrit] |
| cometa (f) | comète (f) | [kɔmɛt] |
| asteroide (m) | astéroïde (m) | [asterɔid] |
| órbita (f) | orbite (f) | [ɔrbit] |
| girar (vi) | tourner (vi) | [turne] |
| atmósfera (f) | atmosphère (f) | [atmɔsfɛr] |
| Sol (m) | Soleil (m) | [sɔlɛj] |
| Sistema (m) Solar | système (m) solaire | [sistɛm sɔlɛr] |
| eclipse (m) de Sol | éclipse (f) de soleil | [leklips də sɔlɛj] |
| Tierra (f) | Terre (f) | [tɛr] |
| Luna (f) | Lune (f) | [lyn] |
| Marte (m) | Mars (m) | [mars] |
| Venus (f) | Vénus (f) | [venys] |
| Júpiter (m) | Jupiter (m) | [ʒypitɛr] |
| Saturno (m) | Saturne (m) | [satyrn] |
| Mercurio (m) | Mercure (m) | [mɛrkyr] |
| Urano (m) | Uranus (m) | [yranys] |
| Neptuno (m) | Neptune | [nɛptyn] |
| Plutón (m) | Pluton (m) | [plytɔ̃] |
| la Vía Láctea | la Voie Lactée | [la vwa lakte] |
| la Osa Mayor | la Grande Ours | [la grɑ̃d urs] |
| la Estrella Polar | la Polaire | [la pɔlɛr] |
| marciano (m) | martien (m) | [marsjɛ̃] |
| extraterrestre (m) | extraterrestre (m) | [ɛkstratɛrɛstr] |
| planetícola (m) | alien (m) | [aljen] |

| | | |
|---|---|---|
| platillo (m) volante | soucoupe (f) volante | [sukup vɔlɑ̃t] |
| nave (f) espacial | vaisseau (m) spatial | [vɛso spasjal] |
| estación (f) orbital | station (f) orbitale | [stasjɔ̃ ɔrbital] |
| despegue (m) | lancement (m) | [lɑ̃smɑ̃] |
| | | |
| motor (m) | moteur (m) | [mɔtœr] |
| tobera (f) | tuyère (f) | [tyjɛr] |
| combustible (m) | carburant (m) | [karbyrɑ̃] |
| | | |
| carlinga (f) | cabine (f) | [kabin] |
| antena (f) | antenne (f) | [ɑ̃tɛn] |
| | | |
| ventana (f) | hublot (m) | [yblo] |
| batería (f) solar | batterie (f) solaire | [batri sɔlɛr] |
| escafandra (f) | scaphandre (m) | [skafɑ̃dr] |
| | | |
| ingravidez (f) | apesanteur (f) | [apəzɑ̃tœr] |
| oxígeno (m) | oxygène (m) | [ɔksiʒɛn] |
| | | |
| atraque (m) | arrimage (m) | [arimaʒ] |
| realizar el atraque | s'arrimer à ... | [sarime a] |
| | | |
| observatorio (m) | observatoire (m) | [ɔpsɛrvatwar] |
| telescopio (m) | télescope (m) | [teleskɔp] |
| | | |
| observar (vt) | observer (vt) | [ɔpsɛrve] |
| explorar (~ el universo) | explorer (vt) | [ɛksplɔre] |

## 75. La tierra

| | | |
|---|---|---|
| Tierra (f) | Terre (f) | [tɛr] |
| globo (m) terrestre | globe (m) terrestre | [glɔb tɛrɛstr] |
| planeta (m) | planète (f) | [planɛt] |
| | | |
| atmósfera (f) | atmosphère (f) | [atmɔsfɛr] |
| geografía (f) | géographie (f) | [ʒeografi] |
| naturaleza (f) | nature (f) | [natyr] |
| | | |
| globo (m) terráqueo | globe (m) de table | [glɔb də tabl] |
| mapa (m) | carte (f) | [kart] |
| atlas (m) | atlas (m) | [atlas] |
| | | |
| Europa (f) | Europe (f) | [ørɔp] |
| Asia (f) | Asie (f) | [azi] |
| | | |
| África (f) | Afrique (f) | [afrik] |
| Australia (f) | Australie (f) | [ostrali] |
| | | |
| América (f) | Amérique (f) | [amerik] |
| América (f) del Norte | Amérique (f) du Nord | [amerik dy nɔr] |
| América (f) del Sur | Amérique (f) du Sud | [amerik dy syd] |
| | | |
| Antártida (f) | l'Antarctique (m) | [lɑ̃tarktik] |
| Ártico (m) | l'Arctique (m) | [larktik] |

## 76. Los puntos cardinales

| | | |
|---|---|---|
| norte (m) | nord (m) | [nɔr] |
| al norte | vers le nord | [vɛr lə nɔr] |
| en el norte | au nord | [onɔr] |
| del norte (adj) | du nord (adj) | [dy nɔr] |
| sur (m) | sud (m) | [syd] |
| al sur | vers le sud | [vɛr lə syd] |
| en el sur | au sud | [osyd] |
| del sur (adj) | du sud (adj) | [dy syd] |
| oeste (m) | ouest (m) | [wɛst] |
| al oeste | vers l'occident | [vɛr lɔksidɑ̃] |
| en el oeste | à l'occident | [alɔksidɑ̃] |
| del oeste (adj) | occidental (adj) | [ɔksidɑ̃tal] |
| este (m) | est (m) | [ɛst] |
| al este | vers l'orient | [vɛr lɔrjɑ̃] |
| en el este | à l'orient | [alɔrjɑ̃] |
| del este (adj) | oriental (adj) | [ɔrjɑ̃tal] |

## 77. El mar. El océano

| | | |
|---|---|---|
| mar (m) | mer (f) | [mɛr] |
| océano (m) | océan (m) | [ɔseɑ̃] |
| golfo (m) | golfe (m) | [gɔlf] |
| estrecho (m) | détroit (m) | [detrwa] |
| tierra (f) firme | terre (f) ferme | [tɛr fɛrm] |
| continente (m) | continent (m) | [kɔ̃tinɑ̃] |
| isla (f) | île (f) | [il] |
| península (f) | presqu'île (f) | [prɛskil] |
| archipiélago (m) | archipel (m) | [arʃipɛl] |
| bahía (f) | baie (f) | [bɛ] |
| puerto (m) | port (m) | [pɔr] |
| laguna (f) | lagune (f) | [lagyn] |
| cabo (m) | cap (m) | [kap] |
| atolón (m) | atoll (m) | [atɔl] |
| arrecife (m) | récif (m) | [resif] |
| coral (m) | corail (m) | [kɔraj] |
| arrecife (m) de coral | récif (m) de corail | [resif də kɔraj] |
| profundo (adj) | profond (adj) | [prɔfɔ̃] |
| profundidad (f) | profondeur (f) | [prɔfɔ̃dœr] |
| abismo (m) | abîme (m) | [abim] |
| fosa (f) oceánica | fosse (f) océanique | [fos ɔseanik] |
| corriente (f) | courant (m) | [kurɑ̃] |
| bañar (rodear) | baigner (vt) | [beɲe] |
| orilla (f) | littoral (m) | [litɔral] |

| costa (f) | côte (f) | [kot] |
| flujo (m) | marée (f) haute | [mare ot] |
| reflujo (m) | marée (f) basse | [mare bas] |
| banco (m) de arena | banc (m) de sable | [bɑ̃ də sabl] |
| fondo (m) | fond (m) | [fɔ̃] |

| ola (f) | vague (f) | [vag] |
| cresta (f) de la ola | crête (f) de la vague | [krɛt də la vag] |
| espuma (f) | mousse (f) | [mus] |

| tempestad (f) | tempête (f) en mer | [tɑ̃pɛt ɑ̃mɛr] |
| huracán (m) | ouragan (m) | [uragɑ̃] |
| tsunami (m) | tsunami (m) | [tsynami] |
| bonanza (f) | calme (m) | [kalm] |
| calmo, tranquilo | calme (adj) | [kalm] |

| polo (m) | pôle (m) | [pol] |
| polar (adj) | polaire (adj) | [pɔlɛr] |

| latitud (f) | latitude (f) | [latityd] |
| longitud (f) | longitude (f) | [lɔ̃ʒityd] |
| paralelo (m) | parallèle (f) | [paralɛl] |
| ecuador (m) | équateur (m) | [ekwatœr] |

| cielo (m) | ciel (m) | [sjɛl] |
| horizonte (m) | horizon (m) | [ɔrizɔ̃] |
| aire (m) | air (m) | [ɛr] |

| faro (m) | phare (m) | [far] |
| bucear (vi) | plonger (vi) | [plɔ̃ʒe] |
| hundirse (vr) | sombrer (vi) | [sɔ̃bre] |
| tesoros (m pl) | trésor (m) | [trezɔr] |

## 78. Los nombres de los mares y los océanos

| océano (m) Atlántico | océan (m) Atlantique | [ɔseɑn atlɑ̃tik] |
| océano (m) Índico | océan (m) Indien | [ɔseɑn ɛ̃djɛ̃] |
| océano (m) Pacífico | océan (m) Pacifique | [ɔseɑ̃ pasifik] |
| océano (m) Glacial Ártico | océan (m) Glacial | [ɔseɑ̃ glasjal] |

| mar (m) Negro | mer (f) Noire | [mɛr nwar] |
| mar (m) Rojo | mer (f) Rouge | [mɛr ruʒ] |
| mar (m) Amarillo | mer (f) Jaune | [mɛr ʒon] |
| mar (m) Blanco | mer (f) Blanche | [mɛr blɑ̃ʃ] |

| mar (m) Caspio | mer (f) Caspienne | [mɛr kaspjɛn] |
| mar (m) Muerto | mer (f) Morte | [mɛr mɔrt] |
| mar (m) Mediterráneo | mer (f) Méditerranée | [mɛr mediterane] |

| mar (m) Egeo | mer (f) Égée | [mɛr eʒe] |
| mar (m) Adriático | mer (f) Adriatique | [mɛr adrijatik] |

| mar (m) Arábigo | mer (f) Arabique | [mɛr arabik] |
| mar (m) del Japón | mer (f) du Japon | [mɛr dy ʒapɔ̃] |

| mar (m) de Bering | mer (f) de Béring | [mɛr də beriŋ] |
| mar (m) de la China Meridional | mer (f) de Chine Méridionale | [mɛr də ʃin meridjɔnal] |

| mar (m) del Coral | mer (f) de Corail | [mɛr də kɔraj] |
| mar (m) de Tasmania | mer (f) de Tasman | [mɛr də tasman] |
| mar (m) Caribe | mer (f) Caraïbe | [mɛr karaib] |

| mar (m) de Barents | mer (f) de Barents | [mɛr də barɛs] |
| mar (m) de Kara | mer (f) de Kara | [mɛr də kara] |

| mar (m) del Norte | mer (f) du Nord | [mɛr dy nɔr] |
| mar (m) Báltico | mer (f) Baltique | [mɛr baltik] |
| mar (m) de Noruega | mer (f) de Norvège | [mɛr də nɔrvɛʒ] |

## 79. Las montañas

| montaña (f) | montagne (f) | [mõtaɲ] |
| cadena (f) de montañas | chaîne (f) de montagnes | [ʃɛn də mõtaɲ] |
| cresta (f) de montañas | crête (f) | [krɛt] |

| cima (f) | sommet (m) | [sɔmɛ] |
| pico (m) | pic (m) | [pik] |
| pie (m) | pied (m) | [pje] |
| cuesta (f) | pente (f) | [pãt] |

| volcán (m) | volcan (m) | [vɔlkã] |
| volcán (m) activo | volcan (m) actif | [vɔlkɑn aktif] |
| volcán (m) apagado | volcan (m) éteint | [vɔlkɑn etɛ̃] |

| erupción (f) | éruption (f) | [erypsjõ] |
| cráter (m) | cratère (m) | [kratɛr] |
| magma (f) | magma (m) | [magma] |
| lava (f) | lave (f) | [lav] |
| fundido (lava ~a) | en fusion | [ã fyzjõ] |

| cañón (m) | canyon (m) | [kanjõ] |
| desfiladero (m) | défilé (m) | [defile] |
| grieta (f) | crevasse (f) | [krəvas] |
| precipicio (m) | précipice (m) | [presipis] |

| puerto (m) (paso) | col (m) | [kɔl] |
| meseta (f) | plateau (m) | [plato] |
| roca (f) | rocher (m) | [rɔʃe] |
| colina (f) | colline (f) | [kɔlin] |

| glaciar (m) | glacier (m) | [glasje] |
| cascada (f) | chute (f) d'eau | [ʃyt do] |
| geiser (m) | geyser (m) | [ʒɛzɛr] |
| lago (m) | lac (m) | [lak] |

| llanura (f) | plaine (f) | [plɛn] |
| paisaje (m) | paysage (m) | [peizaʒ] |
| eco (m) | écho (m) | [eko] |

| alpinista (m) | alpiniste (m) | [alpinist] |
| escalador (m) | varappeur (m) | [varapœr] |
| conquistar (vt) | conquérir (vt) | [kɔ̃kerir] |
| ascensión (f) | ascension (f) | [asɑ̃sjɔ̃] |

## 80. Los nombres de las montañas

| Alpes (m pl) | Alpes (f pl) | [alp] |
| Montblanc (m) | Mont Blanc (m) | [mɔ̃blɑ̃] |
| Pirineos (m pl) | Pyrénées (f pl) | [pirene] |

| Cárpatos (m pl) | Carpates (f pl) | [karpat] |
| Urales (m pl) | Monts Oural (m pl) | [mɔ̃ ural] |
| Cáucaso (m) | Caucase (m) | [kokaz] |
| Elbrus (m) | Elbrous (m) | [ɛlbrys] |

| Altai (m) | Altaï (m) | [altaj] |
| Tian-Shan (m) | Tian Chan (m) | [tjɑ̃ ʃɑ̃] |
| Pamir (m) | Pamir (m) | [pamir] |
| Himalayos (m pl) | Himalaya (m) | [imalaja] |
| Everest (m) | Everest (m) | [evrɛst] |

| Andes (m pl) | Andes (f pl) | [ɑ̃d] |
| Kilimanjaro (m) | Kilimandjaro (m) | [kilimɑ̃dʒaro] |

## 81. Los ríos

| río (m) | rivière (f), fleuve (m) | [rivjɛr], [flœv] |
| manantial (m) | source (f) | [surs] |
| lecho (m) (curso de agua) | lit (m) | [li] |
| cuenca (f) fluvial | bassin (m) | [basɛ̃] |
| desembocar en ... | se jeter dans ... | [sə ʒete dɑ̃] |

| afluente (m) | affluent (m) | [aflyɑ̃] |
| ribera (f) | rive (f) | [riv] |

| corriente (f) | courant (m) | [kurɑ̃] |
| río abajo (adv) | en aval | [ɑn aval] |
| río arriba (adv) | en amont | [ɑn amɔ̃] |

| inundación (f) | inondation (f) | [inɔ̃dasjɔ̃] |
| riada (f) | les grandes crues | [le grɑ̃d kry] |
| desbordarse (vr) | déborder (vt) | [debɔrde] |
| inundar (vt) | inonder (vt) | [inɔ̃de] |

| bajo (m) arenoso | bas-fond (m) | [bafɔ̃] |
| rápido (m) | rapide (m) | [rapid] |

| presa (f) | barrage (m) | [baraʒ] |
| canal (m) | canal (m) | [kanal] |
| lago (m) artificiale | lac (m) de barrage | [lak də baraʒ] |
| esclusa (f) | écluse (f) | [eklyz] |

| cuerpo (m) de agua | plan (m) d'eau | [plɑ do] |
| pantano (m) | marais (m) | [marɛ] |
| ciénaga (m) | fondrière (f) | [fɔdrijɛr] |
| remolino (m) | tourbillon (m) | [turbijɔ̃] |

| arroyo (m) | ruisseau (m) | [rɥiso] |
| potable (adj) | potable (adj) | [pɔtabl] |
| dulce (agua ~) | douce (adj) | [dus] |

| hielo (m) | glace (f) | [glas] |
| helarse (el lago, etc.) | être gelé | [ɛtr ʒəle] |

## 82. Los nombres de los ríos

| Sena (m) | Seine (f) | [sɛn] |
| Loira (m) | Loire (f) | [lwar] |

| Támesis (m) | Tamise (f) | [tamiz] |
| Rin (m) | Rhin (m) | [rɛ̃] |
| Danubio (m) | Danube (m) | [danyb] |

| Volga (m) | Volga (f) | [vɔlga] |
| Don (m) | Don (m) | [dɔ̃] |
| Lena (m) | Lena (f) | [lena] |

| Río (m) Amarillo | Huang He (m) | [waŋ e] |
| Río (m) Azul | Yangzi Jiang (m) | [jɑ̃gzijɑ̃g] |
| Mekong (m) | Mékong (m) | [mekɔ̃g] |
| Ganges (m) | Gange (m) | [gɑ̃ʒ] |

| Nilo (m) | Nil (m) | [nil] |
| Congo (m) | Congo (m) | [kɔ̃go] |
| Okavango (m) | Okavango (m) | [ɔkavangɔ] |
| Zambeze (m) | Zambèze (m) | [zɑ̃bɛz] |
| Limpopo (m) | Limpopo (m) | [limpɔpo] |
| Misisipí (m) | Mississippi (m) | [misisipi] |

## 83. El bosque

| bosque (m) | forêt (f) | [fɔrɛ] |
| de bosque (adj) | forestier (adj) | [fɔrɛstje] |

| espesura (f) | fourré (m) | [fure] |
| bosquecillo (m) | bosquet (m) | [bɔskɛ] |
| claro (m) | clairière (f) | [klɛrjɛr] |

| maleza (f) | broussailles (f pl) | [brusaj] |
| matorral (m) | taillis (m) | [taji] |

| senda (f) | sentier (m) | [sɑ̃tje] |
| barranco (m) | ravin (m) | [ravɛ̃] |
| árbol (m) | arbre (m) | [arbr] |

| | | |
|---|---|---|
| hoja (f) | feuille (f) | [fœj] |
| follaje (m) | feuillage (m) | [fœjaʒ] |
| | | |
| caída (f) de hojas | chute (f) de feuilles | [ʃyt də fœj] |
| caer (las hojas) | tomber (vi) | [tɔ̃be] |
| cima (f) | sommet (m) | [sɔmɛ] |
| | | |
| rama (f) | rameau (m) | [ramo] |
| rama (f) (gruesa) | branche (f) | [brɑ̃ʃ] |
| brote (m) | bourgeon (m) | [burʒɔ̃] |
| aguja (f) | aiguille (f) | [eɡɥij] |
| piña (f) | pomme (f) de pin | [pɔm də pɛ̃] |
| | | |
| agujero (m) | creux (m) | [krø] |
| nido (m) | nid (m) | [ni] |
| madriguera (f) | terrier (m) | [tɛrje] |
| | | |
| tronco (m) | tronc (m) | [trɔ̃] |
| raíz (f) | racine (f) | [rasin] |
| corteza (f) | écorce (f) | [ekɔrs] |
| musgo (m) | mousse (f) | [mus] |
| | | |
| extirpar (vt) | déraciner (vt) | [derasine] |
| talar (vt) | abattre (vt) | [abatr] |
| deforestar (vt) | déboiser (vt) | [debwaze] |
| tocón (m) | souche (f) | [suʃ] |
| | | |
| hoguera (f) | feu (m) de bois | [fø də bwa] |
| incendio (m) | incendie (m) | [ɛ̃sɑ̃di] |
| apagar (~ el incendio) | éteindre (vt) | [etɛ̃dr] |
| | | |
| guarda (m) forestal | garde (m) forestier | [gard fɔrɛstje] |
| protección (f) | protection (f) | [prɔtɛksjɔ̃] |
| proteger (vt) | protéger (vt) | [prɔteʒe] |
| cazador (m) furtivo | braconnier (m) | [brakɔnje] |
| cepo (m) | piège (m) à mâchoires | [pjɛʒ a maʃwar] |
| | | |
| recoger (setas, bayas) | cueillir (vt) | [kœjir] |
| perderse (vr) | s'égarer (vp) | [segare] |

## 84. Los recursos naturales

| | | |
|---|---|---|
| recursos (m pl) naturales | ressources (f pl) naturelles | [rəsurs natyrɛl] |
| minerales (m pl) | minéraux (m pl) | [minero] |
| depósitos (m pl) | gisement (m) | [ʒizmɑ̃] |
| yacimiento (m) | champ (m) | [ʃɑ̃] |
| | | |
| extraer (vt) | extraire (vt) | [ɛkstrɛr] |
| extracción (f) | extraction (f) | [ɛkstraksjɔ̃] |
| mineral (m) | minerai (m) | [minrɛ] |
| mina (f) | mine (f) | [min] |
| pozo (m) de mina | puits (m) de mine | [pɥi də min] |
| minero (m) | mineur (m) | [minœr] |
| gas (m) | gaz (m) | [gaz] |

| | | |
|---|---|---|
| gasoducto (m) | gazoduc (m) | [gazɔdyk] |
| petróleo (m) | pétrole (m) | [petrɔl] |
| oleoducto (m) | pipeline (m) | [piplin] |
| torre (f) petrolera | tour (f) de forage | [tur də foraʒ] |
| torre (f) de sondeo | derrick (m) | [derik] |
| petrolero (m) | pétrolier (m) | [petrɔlje] |
| | | |
| arena (f) | sable (m) | [sabl] |
| caliza (f) | calcaire (m) | [kalkɛr] |
| grava (f) | gravier (m) | [gravje] |
| turba (f) | tourbe (f) | [turb] |
| arcilla (f) | argile (f) | [arʒil] |
| carbón (m) | charbon (m) | [ʃarbõ] |
| | | |
| hierro (m) | fer (m) | [fɛr] |
| oro (m) | or (m) | [ɔr] |
| plata (f) | argent (m) | [arʒã] |
| níquel (m) | nickel (m) | [nikɛl] |
| cobre (m) | cuivre (m) | [kɥivr] |
| | | |
| zinc (m) | zinc (m) | [zɛ̃g] |
| manganeso (m) | manganèse (m) | [mãganɛz] |
| mercurio (m) | mercure (m) | [mɛrkyr] |
| plomo (m) | plomb (m) | [plɔ̃] |
| | | |
| mineral (m) | minéral (m) | [mineral] |
| cristal (m) | cristal (m) | [kristal] |
| mármol (m) | marbre (m) | [marbr] |
| uranio (m) | uranium (m) | [yranjɔm] |

## 85. El tiempo

| | | |
|---|---|---|
| tiempo (m) | temps (m) | [tã] |
| previsión (m) del tiempo | météo (f) | [meteo] |
| temperatura (f) | température (f) | [tãperatyr] |
| termómetro (m) | thermomètre (m) | [tɛrmɔmɛtr] |
| barómetro (m) | baromètre (m) | [barɔmɛtr] |
| | | |
| húmedo (adj) | humide (adj) | [ymid] |
| humedad (f) | humidité (f) | [ymidite] |
| bochorno (m) | chaleur (f) | [ʃalœr] |
| tórrido (adj) | torride (adj) | [tɔrid] |
| hace mucho calor | Il fait très chaud | [il fɛ trɛ ʃo] |
| | | |
| hace calor (templado) | il fait chaud | [il fɛʃo] |
| templado (adj) | chaud (adj) | [ʃo] |
| | | |
| hace frío | il fait froid | [il fɛ frwa] |
| frío (adj) | froid (adj) | [frwa] |
| | | |
| sol (m) | soleil (m) | [sɔlɛj] |
| brillar (vi) | briller (vi) | [brije] |
| soleado (un día ~) | ensoleillé (adj) | [ãsɔleje] |
| elevarse (el sol) | se lever (vp) | [sə ləve] |

| | | |
|---|---|---|
| ponerse (vr) | se coucher (vp) | [sə kuʃe] |
| nube (f) | nuage (m) | [nɥaʒ] |
| nuboso (adj) | nuageux (adj) | [nɥaʒø] |
| nubarrón (m) | nuée (f) | [nɥe] |
| nublado (adj) | sombre (adj) | [sɔ̃br] |

| | | |
|---|---|---|
| lluvia (f) | pluie (f) | [plɥi] |
| está lloviendo | il pleut | [il plø] |
| lluvioso (adj) | pluvieux (adj) | [plyvjø] |
| lloviznar (vi) | bruiner (v imp) | [brɥine] |

| | | |
|---|---|---|
| aguacero (m) | pluie (f) torrentielle | [plɥi tɔrɑ̃sjɛl] |
| chaparrón (m) | averse (f) | [avɛrs] |
| fuerte (la lluvia ~) | forte (adj) | [fɔrt] |
| charco (m) | flaque (f) | [flak] |
| mojarse (vr) | se faire mouiller | [sə fɛr muje] |

| | | |
|---|---|---|
| niebla (f) | brouillard (m) | [brujar] |
| nebuloso (adj) | brumeux (adj) | [brymø] |
| nieve (f) | neige (f) | [nɛʒ] |
| está nevando | il neige | [il nɛʒ] |

## 86. Los eventos climáticos severos. Los desastres naturales

| | | |
|---|---|---|
| tormenta (f) | orage (m) | [ɔraʒ] |
| relámpago (m) | éclair (m) | [eklɛr] |
| relampaguear (vi) | éclater (vi) | [eklate] |

| | | |
|---|---|---|
| trueno (m) | tonnerre (m) | [tɔnɛr] |
| tronar (vi) | gronder (vi) | [grɔ̃de] |
| está tronando | le tonnerre gronde | [lə tɔnɛr grɔ̃d] |

| | | |
|---|---|---|
| granizo (m) | grêle (f) | [grɛl] |
| está granizando | il grêle | [il grɛl] |

| | | |
|---|---|---|
| inundar (vt) | inonder (vt) | [inɔ̃de] |
| inundación (f) | inondation (f) | [inɔ̃dasjɔ̃] |

| | | |
|---|---|---|
| terremoto (m) | tremblement (m) de terre | [trɑ̃bləmɑ̃ də tɛr] |
| sacudida (f) | secousse (f) | [səkus] |
| epicentro (m) | épicentre (m) | [episɑ̃tr] |

| | | |
|---|---|---|
| erupción (f) | éruption (f) | [erypsjɔ̃] |
| lava (f) | lave (f) | [lav] |

| | | |
|---|---|---|
| torbellino (m) | tourbillon (m) | [turbijɔ̃] |
| tornado (m) | tornade (f) | [tɔrnad] |
| tifón (m) | typhon (m) | [tifɔ̃] |

| | | |
|---|---|---|
| huracán (m) | ouragan (m) | [uragɑ̃] |
| tempestad (f) | tempête (f) | [tɑ̃pɛt] |
| tsunami (m) | tsunami (m) | [tsynami] |
| ciclón (m) | cyclone (m) | [siklon] |
| mal tiempo (m) | intempéries (f pl) | [ɛ̃tɑ̃peri] |

| | | |
|---|---|---|
| incendio (m) | incendie (m) | [ɛ̃sãdi] |
| catástrofe (f) | catastrophe (f) | [katastrɔf] |
| meteorito (m) | météorite (m) | [meteɔrit] |
| | | |
| avalancha (f) | avalanche (f) | [avalãʃ] |
| alud (m) de nieve | éboulement (m) | [ebulmã] |
| ventisca (f) | blizzard (m) | [blizar] |
| nevasca (f) | tempête (f) de neige | [tãpɛt də nɛʒ] |

# LA FAUNA

## 87. Los mamíferos. Los predadores

| | | |
|---|---|---|
| carnívoro (m) | prédateur (m) | [predatœr] |
| tigre (m) | tigre (m) | [tigr] |
| león (m) | lion (m) | [ljɔ̃] |
| lobo (m) | loup (m) | [lu] |
| zorro (m) | renard (m) | [rənar] |
| | | |
| jaguar (m) | jaguar (m) | [ʒagwar] |
| leopardo (m) | léopard (m) | [leɔpar] |
| guepardo (m) | guépard (m) | [gepar] |
| | | |
| pantera (f) | panthère (f) | [pɑ̃tɛr] |
| puma (f) | puma (m) | [pyma] |
| leopardo (m) de las nieves | léopard (m) de neiges | [leɔpar də nɛʒ] |
| lince (m) | lynx (m) | [lɛ̃ks] |
| | | |
| coyote (m) | coyote (m) | [kɔjɔt] |
| chacal (m) | chacal (m) | [ʃakal] |
| hiena (f) | hyène (f) | [jɛn] |

## 88. Los animales salvajes

| | | |
|---|---|---|
| animal (m) | animal (m) | [animal] |
| bestia (f) | bête (f) | [bɛt] |
| | | |
| ardilla (f) | écureuil (m) | [ekyrœj] |
| erizo (m) | hérisson (m) | [erisɔ̃] |
| liebre (f) | lièvre (m) | [ljɛvr] |
| conejo (m) | lapin (m) | [lapɛ̃] |
| | | |
| tejón (m) | blaireau (m) | [blɛro] |
| mapache (m) | raton (m) | [ratɔ̃] |
| hámster (m) | hamster (m) | [amstɛr] |
| marmota (f) | marmotte (f) | [marmɔt] |
| | | |
| topo (m) | taupe (f) | [top] |
| ratón (m) | souris (f) | [suri] |
| rata (f) | rat (m) | [ra] |
| murciélago (m) | chauve-souris (f) | [ʃovsuri] |
| | | |
| armiño (m) | hermine (f) | [ɛrmin] |
| cebellina (f) | zibeline (f) | [ziblin] |
| marta (f) | martre (f) | [martr] |
| comadreja (f) | belette (f) | [bəlɛt] |
| visón (m) | vison (m) | [vizɔ̃] |

| | | |
|---|---|---|
| castor (m) | castor (m) | [kastɔr] |
| nutria (f) | loutre (f) | [lutr] |
| | | |
| caballo (m) | cheval (m) | [ʃəval] |
| alce (m) | élan (m) | [elɑ̃] |
| ciervo (m) | cerf (m) | [sɛr] |
| camello (m) | chameau (m) | [ʃamo] |
| | | |
| bisonte (m) | bison (m) | [bizɔ̃] |
| uro (m) | aurochs (m) | [orɔk] |
| búfalo (m) | buffle (m) | [byfl] |
| | | |
| cebra (f) | zèbre (m) | [zɛbr] |
| antílope (m) | antilope (f) | [ɑ̃tilɔp] |
| corzo (m) | chevreuil (m) | [ʃəvrœj] |
| gamo (m) | biche (f) | [biʃ] |
| gamuza (f) | chamois (m) | [ʃamwa] |
| jabalí (m) | sanglier (m) | [sɑ̃glije] |
| | | |
| ballena (f) | baleine (f) | [balɛn] |
| foca (f) | phoque (m) | [fɔk] |
| morsa (f) | morse (m) | [mɔrs] |
| oso (m) marino | ours (m) de mer | [urs də mɛr] |
| delfín (m) | dauphin (m) | [dofɛ̃] |
| | | |
| oso (m) | ours (m) | [urs] |
| oso (m) blanco | ours (m) blanc | [urs blɑ̃] |
| panda (f) | panda (m) | [pɑ̃da] |
| | | |
| mono (m) | singe (m) | [sɛ̃ʒ] |
| chimpancé (m) | chimpanzé (m) | [ʃɛ̃pɑ̃ze] |
| orangután (m) | orang-outang (m) | [ɔrɑ̃utɑ̃] |
| gorila (m) | gorille (m) | [gɔrij] |
| macaco (m) | macaque (m) | [makak] |
| gibón (m) | gibbon (m) | [ʒibɔ̃] |
| | | |
| elefante (m) | éléphant (m) | [elefɑ̃] |
| rinoceronte (m) | rhinocéros (m) | [rinɔserɔs] |
| jirafa (f) | girafe (f) | [ʒiraf] |
| hipopótamo (m) | hippopotame (m) | [ipɔpɔtam] |
| | | |
| canguro (m) | kangourou (m) | [kɑ̃guru] |
| koala (f) | koala (m) | [kɔala] |
| | | |
| mangosta (f) | mangouste (f) | [mɑ̃gust] |
| chinchilla (f) | chinchilla (m) | [ʃɛ̃ʃila] |
| mofeta (f) | mouffette (f) | [mufɛt] |
| espín (m) | porc-épic (m) | [pɔrkepik] |

## 89. Los animales domésticos

| | | |
|---|---|---|
| gata (f) | chat (m) | [ʃa] |
| gato (m) | chat (m) | [ʃa] |
| perro (m) | chien (m) | [ʃjɛ̃] |

| caballo (m) | cheval (m) | [ʃəval] |
| garañón (m) | étalon (m) | [etalɔ̃] |
| yegua (f) | jument (f) | [ʒymɑ̃] |

| vaca (f) | vache (f) | [vaʃ] |
| toro (m) | taureau (m) | [tɔro] |
| buey (m) | bœuf (m) | [bœf] |

| oveja (f) | brebis (f) | [brəbi] |
| carnero (m) | mouton (m) | [mutɔ̃] |
| cabra (f) | chèvre (f) | [ʃɛvr] |
| cabrón (m) | bouc (m) | [buk] |

| asno (m) | âne (m) | [ɑn] |
| mulo (m) | mulet (m) | [mylɛ] |

| cerdo (m) | cochon (m) | [kɔʃɔ̃] |
| cerdito (m) | pourceau (m) | [purso] |
| conejo (m) | lapin (m) | [lapɛ̃] |

| gallina (f) | poule (f) | [pul] |
| gallo (m) | coq (m) | [kɔk] |

| pato (m) | canard (m) | [kanar] |
| ánade (m) | canard (m) mâle | [kanar mal] |
| ganso (m) | oie (f) | [wa] |

| pavo (m) | dindon (m) | [dɛ̃dɔ̃] |
| pava (f) | dinde (f) | [dɛ̃d] |

| animales (m pl) domésticos | animaux (m pl) domestiques | [animo dɔmɛstik] |
| domesticado (adj) | apprivoisé (adj) | [aprivwaze] |
| domesticar (vt) | apprivoiser (vt) | [aprivwaze] |
| criar (vt) | élever (vt) | [elve] |

| granja (f) | ferme (f) | [fɛrm] |
| aves (f pl) de corral | volaille (f) | [vɔlaj] |
| ganado (m) | bétail (m) | [betaj] |
| rebaño (m) | troupeau (m) | [trupo] |

| caballeriza (f) | écurie (f) | [ekyri] |
| porqueriza (f) | porcherie (f) | [pɔrʃəri] |
| vaquería (f) | vacherie (f) | [vaʃri] |
| conejal (m) | cabane (f) à lapins | [kaban a lapɛ̃] |
| gallinero (m) | poulailler (m) | [pulaje] |

## 90. Los pájaros

| pájaro (m) | oiseau (m) | [wazo] |
| paloma (f) | pigeon (m) | [piʒɔ̃] |
| gorrión (m) | moineau (m) | [mwano] |
| paro (m) | mésange (f) | [mezɑ̃ʒ] |
| cotorra (f) | pie (f) | [pi] |
| cuervo (m) | corbeau (m) | [kɔrbo] |

| | | |
|---|---|---|
| corneja (f) | corneille (f) | [kɔrnɛj] |
| chova (f) | choucas (m) | [ʃuka] |
| grajo (m) | freux (m) | [frø] |
| | | |
| pato (m) | canard (m) | [kanar] |
| ganso (m) | oie (f) | [wa] |
| faisán (m) | faisan (m) | [fəzɑ̃] |
| | | |
| águila (f) | aigle (m) | [ɛgl] |
| azor (m) | épervier (m) | [epɛrvje] |
| halcón (m) | faucon (m) | [fokɔ̃] |
| buitre (m) | vautour (m) | [votur] |
| cóndor (m) | condor (m) | [kɔ̃dɔr] |
| | | |
| cisne (m) | cygne (m) | [siɲ] |
| grulla (f) | grue (f) | [gry] |
| cigüeña (f) | cigogne (f) | [sigɔɲ] |
| | | |
| loro (m), papagayo (m) | perroquet (m) | [perɔkɛ] |
| colibrí (m) | colibri (m) | [kɔlibri] |
| pavo (m) real | paon (m) | [pɑ̃] |
| | | |
| avestruz (m) | autruche (f) | [otryʃ] |
| garza (f) | héron (m) | [erɔ̃] |
| flamenco (m) | flamant (m) | [flamɑ̃] |
| pelícano (m) | pélican (m) | [pelikɑ̃] |
| | | |
| ruiseñor (m) | rossignol (m) | [rɔsiɲɔl] |
| golondrina (f) | hirondelle (f) | [irɔ̃dɛl] |
| | | |
| tordo (m) | merle (m) | [mɛrl] |
| zorzal (m) | grive (f) | [griv] |
| mirlo (m) | merle (m) noir | [mɛrl nwar] |
| | | |
| vencejo (m) | martinet (m) | [martinɛ] |
| alondra (f) | alouette (f) des champs | [alwɛt de ʃɑ̃] |
| codorniz (f) | caille (f) | [kaj] |
| | | |
| pico (m) | pivert (m) | [pivɛr] |
| cuco (m) | coucou (m) | [kuku] |
| lechuza (f) | chouette (f) | [ʃwɛt] |
| búho (m) | hibou (m) | [ibu] |
| urogallo (m) | tétras (m) | [tetra] |
| gallo lira (m) | tétras-lyre (m) | [tetralir] |
| perdiz (f) | perdrix (f) | [pɛrdri] |
| | | |
| estornino (m) | étourneau (m) | [eturno] |
| canario (m) | canari (m) | [kanari] |
| ortega (f) | gélinotte (f) des bois | [ʒelinɔt də bwa] |
| | | |
| pinzón (m) | pinson (m) | [pɛ̃sɔ̃] |
| camachuelo (m) | bouvreuil (m) | [buvrœj] |
| | | |
| gaviota (f) | mouette (f) | [mwɛt] |
| albatros (m) | albatros (m) | [albatros] |
| pingüino (m) | pingouin (m) | [pɛ̃gwɛ̃] |

## 91. Los peces. Los animales marinos

| | | |
|---|---|---|
| brema (f) | brème (f) | [brɛm] |
| carpa (f) | carpe (f) | [karp] |
| perca (f) | perche (f) | [pɛrʃ] |
| siluro (m) | silure (m) | [silyr] |
| lucio (m) | brochet (m) | [brɔʃɛ] |
| salmón (m) | saumon (m) | [somɔ̃] |
| esturión (m) | esturgeon (m) | [ɛstyrʒɔ̃] |
| arenque (m) | hareng (m) | [arɑ̃] |
| salmón (m) del Atlántico | saumon (m) atlantique | [somɔ̃ atlɑ̃tik] |
| caballa (f) | maquereau (m) | [makro] |
| lenguado (m) | flet (m) | [flɛ] |
| lucioperca (m) | sandre (f) | [sɑ̃dr] |
| bacalao (m) | morue (f) | [mɔry] |
| atún (m) | thon (m) | [tɔ̃] |
| trucha (f) | truite (f) | [trɥit] |
| anguila (f) | anguille (f) | [ɑ̃gij] |
| tembladera (f) | torpille (f) | [tɔrpij] |
| morena (f) | murène (f) | [myrɛn] |
| piraña (f) | piranha (m) | [piraɲa] |
| tiburón (m) | requin (m) | [rəkɛ̃] |
| delfín (m) | dauphin (m) | [dofɛ̃] |
| ballena (f) | baleine (f) | [balɛn] |
| centolla (f) | crabe (m) | [krab] |
| medusa (f) | méduse (f) | [medyz] |
| pulpo (m) | pieuvre (f), poulpe (m) | [pjœvr], [pulp] |
| estrella (f) de mar | étoile (f) de mer | [etwal də mɛr] |
| erizo (m) de mar | oursin (m) | [ursɛ̃] |
| caballito (m) de mar | hippocampe (m) | [ipɔkɑ̃p] |
| ostra (f) | huître (f) | [ɥitr] |
| camarón (m) | crevette (f) | [krəvɛt] |
| bogavante (m) | homard (m) | [ɔmar] |
| langosta (f) | langoustine (f) | [lɑ̃gustin] |

## 92. Los anfibios. Los reptiles

| | | |
|---|---|---|
| serpiente (f) | serpent (m) | [sɛrpɑ̃] |
| venenoso (adj) | venimeux (adj) | [vənimø] |
| víbora (f) | vipère (f) | [vipɛr] |
| cobra (f) | cobra (m) | [kɔbra] |
| pitón (m) | python (m) | [pitɔ̃] |
| boa (f) | boa (m) | [bɔa] |
| culebra (f) | couleuvre (f) | [kulœvr] |

| serpiente (m) de cascabel | serpent (m) à sonnettes | [sɛrpɑ̃ a sɔnɛt] |
|---|---|---|
| anaconda (f) | anaconda (m) | [anakɔ̃da] |

| lagarto (f) | lézard (m) | [lezar] |
|---|---|---|
| iguana (f) | iguane (m) | [igwan] |
| varano (m) | varan (m) | [varɑ̃] |
| salamandra (f) | salamandre (f) | [salamɑ̃dr] |
| camaleón (m) | caméléon (m) | [kameleɔ̃] |
| escorpión (m) | scorpion (m) | [skɔrpjɔ̃] |

| tortuga (f) | tortue (f) | [tɔrty] |
|---|---|---|
| rana (f) | grenouille (f) | [grənuj] |
| sapo (m) | crapaud (m) | [krapo] |
| cocodrilo (m) | crocodile (m) | [krɔkɔdil] |

## 93. Los insectos

| insecto (m) | insecte (m) | [ɛ̃sɛkt] |
|---|---|---|
| mariposa (f) | papillon (m) | [papijɔ̃] |
| hormiga (f) | fourmi (f) | [furmi] |
| mosca (f) | mouche (f) | [muʃ] |
| mosquito (m) (picadura de ~) | moustique (m) | [mustik] |
| escarabajo (m) | scarabée (m) | [skarabe] |

| avispa (f) | guêpe (f) | [gɛp] |
|---|---|---|
| abeja (f) | abeille (f) | [abɛj] |
| abejorro (m) | bourdon (m) | [burdɔ̃] |
| moscardón (m) | œstre (m) | [ɛstr] |

| araña (f) | araignée (f) | [areɲe] |
|---|---|---|
| telaraña (f) | toile (f) d'araignée | [twal dareɲe] |

| libélula (f) | libellule (f) | [libelyl] |
|---|---|---|
| saltamontes (m) | sauterelle (f) | [sotrɛl] |
| mariposa (f) nocturna | papillon (m) | [papijɔ̃] |

| cucaracha (f) | cafard (m) | [kafar] |
|---|---|---|
| garrapata (f) | tique (f) | [tik] |
| pulga (f) | puce (f) | [pys] |
| mosca (f) negra | moucheron (m) | [muʃrɔ̃] |

| langosta (f) | criquet (m) | [krikɛ] |
|---|---|---|
| caracol (m) | escargot (m) | [ɛskargo] |
| grillo (m) | grillon (m) | [grijɔ̃] |
| luciérnaga (f) | luciole (f) | [lysjɔl] |
| mariquita (f) | coccinelle (f) | [kɔksinɛl] |
| escarabajo (m) sanjuanero | hanneton (m) | [antɔ̃] |

| sanguijuela (f) | sangsue (f) | [sɑ̃sy] |
|---|---|---|
| oruga (f) | chenille (f) | [ʃənij] |
| gusano (m) | ver (m) | [vɛr] |
| larva (f) | larve (f) | [larv] |

# LA FLORA

## 94. Los árboles

| | | |
|---|---|---|
| árbol (m) | arbre (m) | [arbr] |
| foliáceo (adj) | à feuilles caduques | [a fœj kadyk] |
| conífero (adj) | conifère (adj) | [kɔnifɛr] |
| de hoja perenne | à feuilles persistantes | [a fœj pɛrsistãt] |
| | | |
| manzano (m) | pommier (m) | [pɔmje] |
| peral (m) | poirier (m) | [pwarje] |
| cerezo (m) | merisier (m) | [mərizje] |
| guindo (m) | cerisier (m) | [sərizje] |
| ciruelo (m) | prunier (m) | [prynje] |
| | | |
| abedul (m) | bouleau (m) | [bulo] |
| roble (m) | chêne (m) | [ʃɛn] |
| tilo (m) | tilleul (m) | [tijœl] |
| pobo (m) | tremble (m) | [trãbl] |
| arce (m) | érable (m) | [erabl] |
| picea (m) | épicéa (m) | [episea] |
| pino (m) | pin (m) | [pɛ̃] |
| alerce (m) | mélèze (m) | [melɛz] |
| abeto (m) | sapin (m) | [sapɛ̃] |
| cedro (m) | cèdre (m) | [sɛdr] |
| | | |
| álamo (m) | peuplier (m) | [pøplije] |
| serbal (m) | sorbier (m) | [sɔrbje] |
| sauce (m) | saule (m) | [sol] |
| aliso (m) | aune (m) | [on] |
| haya (f) | hêtre (m) | [ɛtr] |
| olmo (m) | orme (m) | [ɔrm] |
| fresno (m) | frêne (m) | [frɛn] |
| castaño (m) | marronnier (m) | [marɔnje] |
| | | |
| magnolia (f) | magnolia (m) | [maɲɔlja] |
| palmera (f) | palmier (m) | [palmje] |
| ciprés (m) | cyprès (m) | [siprɛ] |
| | | |
| mangle (m) | palétuvier (m) | [paletyvje] |
| baobab (m) | baobab (m) | [baɔbab] |
| eucalipto (m) | eucalyptus (m) | [økaliptys] |
| secoya (f) | séquoia (m) | [sekɔja] |

## 95. Los arbustos

| | | |
|---|---|---|
| mata (f) | buisson (m) | [bɥisɔ̃] |
| arbusto (m) | arbrisseau (m) | [arbriso] |

| | | |
|---|---|---|
| vid (f) | vigne (f) | [viɲ] |
| viñedo (m) | vigne (f) | [viɲ] |
| | | |
| frambueso (m) | framboise (f) | [frãbwaz] |
| grosella (f) negra | cassis (m) | [kasis] |
| grosellero (f) rojo | groseille (f) rouge | [grozɛj ruʒ] |
| grosellero (m) espinoso | groseille (f) verte | [grozɛj vɛrt] |
| | | |
| acacia (f) | acacia (m) | [akasja] |
| berberís (m) | berbéris (m) | [bɛrberis] |
| jazmín (m) | jasmin (m) | [ʒasmɛ̃] |
| | | |
| enebro (m) | genévrier (m) | [ʒənevrije] |
| rosal (m) | rosier (m) | [rozje] |
| escaramujo (m) | églantier (m) | [eglãtje] |

## 96. Las frutas. Las bayas

| | | |
|---|---|---|
| fruto (m) | fruit (m) | [frɥi] |
| frutos (m pl) | fruits (m pl) | [frɥi] |
| manzana (f) | pomme (f) | [pɔm] |
| pera (f) | poire (f) | [pwar] |
| ciruela (f) | prune (f) | [pryn] |
| | | |
| fresa (f) | fraise (f) | [frɛz] |
| guinda (f) | cerise (f) | [səriz] |
| cereza (f) | merise (f) | [məriz] |
| uva (f) | raisin (m) | [rɛzɛ̃] |
| | | |
| frambuesa (f) | framboise (f) | [frãbwaz] |
| grosella (f) negra | cassis (m) | [kasis] |
| grosella (f) roja | groseille (f) rouge | [grozɛj ruʒ] |
| grosella (f) espinosa | groseille (f) verte | [grozɛj vɛrt] |
| arándano (m) agrio | canneberge (f) | [kanbɛrʒ] |
| | | |
| naranja (f) | orange (f) | [ɔrãʒ] |
| mandarina (f) | mandarine (f) | [mãdarin] |
| ananás (m) | ananas (m) | [anana] |
| | | |
| banana (f) | banane (f) | [banan] |
| dátil (m) | datte (f) | [dat] |
| | | |
| limón (m) | citron (m) | [sitrõ] |
| albaricoque (m) | abricot (m) | [abriko] |
| melocotón (m) | pêche (f) | [pɛʃ] |
| | | |
| kiwi (m) | kiwi (m) | [kiwi] |
| pomelo (m) | pamplemousse (m) | [pãpləmus] |
| | | |
| baya (f) | baie (f) | [bɛ] |
| bayas (f pl) | baies (f pl) | [bɛ] |
| arándano (m) rojo | airelle (f) rouge | [ɛrɛl ruʒ] |
| fresa (f) silvestre | fraise (f) des bois | [frɛz de bwa] |
| arándano (m) | myrtille (f) | [mirtij] |

## 97. Las flores. Las plantas

| | | |
|---|---|---|
| flor (f) | fleur (f) | [flœr] |
| ramo (m) de flores | bouquet (m) | [bukɛ] |
| rosa (f) | rose (f) | [roz] |
| tulipán (m) | tulipe (f) | [tylip] |
| clavel (m) | oeillet (m) | [œjɛ] |
| gladiolo (m) | glaïeul (m) | [glajœl] |
| aciano (m) | bleuet (m) | [bløɛ] |
| campanilla (f) | campanule (f) | [kɑ̃panyl] |
| diente (m) de león | dent-de-lion (f) | [dɑ̃dəljɔ̃] |
| manzanilla (f) | marguerite (f) | [margərit] |
| áloe (m) | aloès (m) | [alɔɛs] |
| cacto (m) | cactus (m) | [kaktys] |
| ficus (m) | ficus (m) | [fikys] |
| azucena (f) | lis (m) | [li] |
| geranio (m) | géranium (m) | [ʒeranjɔm] |
| jacinto (m) | jacinthe (f) | [ʒasɛ̃t] |
| mimosa (f) | mimosa (m) | [mimɔza] |
| narciso (m) | jonquille (f) | [ʒɔ̃kij] |
| capuchina (f) | capucine (f) | [kapysin] |
| orquídea (f) | orchidée (f) | [ɔrkide] |
| peonía (f) | pivoine (f) | [pivwan] |
| violeta (f) | violette (f) | [vjɔlɛt] |
| trinitaria (f) | pensée (f) | [pɑ̃se] |
| nomeolvides (f) | myosotis (m) | [mjɔzɔtis] |
| margarita (f) | pâquerette (f) | [pɑkrɛt] |
| amapola (f) | coquelicot (m) | [kɔkliko] |
| cáñamo (m) | chanvre (m) | [ʃɑ̃vr] |
| menta (f) | menthe (f) | [mɑ̃t] |
| muguete (m) | muguet (m) | [mygɛ] |
| campanilla (f) de las nieves | perce-neige (f) | [pɛrsənɛʒ] |
| ortiga (f) | ortie (f) | [ɔrti] |
| acedera (f) | oseille (f) | [ozɛj] |
| nenúfar (m) | nénuphar (m) | [nenyfar] |
| helecho (m) | fougère (f) | [fuʒɛr] |
| liquen (m) | lichen (m) | [likɛn] |
| invernadero (m) tropical | serre (f) tropicale | [sɛr trɔpikal] |
| césped (m) | gazon (m) | [gazɔ̃] |
| macizo (m) de flores | parterre (m) de fleurs | [partɛr də flœr] |
| planta (f) | plante (f) | [plɑ̃t] |
| hierba (f) | herbe (f) | [ɛrb] |
| hoja (f) de hierba | brin (m) d'herbe | [brɛ̃ dɛrb] |

| hoja (f) | feuille (f) | [fœj] |
| pétalo (m) | pétale (m) | [petal] |
| tallo (m) | tige (f) | [tiʒ] |
| tubérculo (m) | tubercule (m) | [tybɛrkyl] |

| retoño (m) | pousse (f) | [pus] |
| espina (f) | épine (f) | [epin] |

| florecer (vi) | fleurir (vi) | [flœrir] |
| marchitarse (vr) | se faner (vp) | [sə fane] |
| olor (m) | odeur (f) | [ɔdœr] |
| cortar (vt) | couper (vt) | [kupe] |
| coger (una flor) | cueillir (vt) | [kœjir] |

## 98. Los cereales, los granos

| grano (m) | grains (m pl) | [grɛ̃] |
| cereales (m pl) (plantas) | céréales (f pl) | [sereal] |
| espiga (f) | épi (m) | [epi] |

| trigo (m) | blé (m) | [ble] |
| centeno (m) | seigle (m) | [sɛgl] |
| avena (f) | avoine (f) | [avwan] |
| mijo (m) | millet (m) | [mijɛ] |
| cebada (f) | orge (f) | [ɔrʒ] |

| maíz (m) | maïs (m) | [mais] |
| arroz (m) | riz (m) | [ri] |
| alforfón (m) | sarrasin (m) | [sarazɛ̃] |

| guisante (m) | pois (m) | [pwa] |
| fréjol (m) | haricot (m) | [ariko] |
| soya (f) | soja (m) | [sɔʒa] |
| lenteja (f) | lentille (f) | [lɑ̃tij] |

# LOS PAÍSES

## 99. Los países. Unidad 1

| | | |
|---|---|---|
| Afganistán (m) | Afghanistan (m) | [afganistã] |
| Albania (f) | Albanie (f) | [albani] |
| Alemania (f) | Allemagne (f) | [almaɲ] |
| Arabia (f) Saudita | Arabie (f) Saoudite | [arabi saudit] |
| Argentina (f) | Argentine (f) | [arʒãtin] |
| Armenia (f) | Arménie (f) | [armeni] |
| Australia (f) | Australie (f) | [ostrali] |
| Austria (f) | Autriche (f) | [otriʃ] |
| Azerbaidzhán (m) | Azerbaïdjan (m) | [azɛrbajdʒã] |
| Bangladesh (m) | Bangladesh (m) | [bãgladɛʃ] |
| Bélgica (f) | Belgique (f) | [bɛlʒik] |
| Bielorrusia (f) | Biélorussie (f) | [bjelɔrysi] |
| Bolivia (f) | Bolivie (f) | [bɔlivi] |
| Bosnia y Herzegovina | Bosnie (f) | [bɔsni] |
| Brasil (f) | Brésil (m) | [brezil] |
| Bulgaria (f) | Bulgarie (f) | [bylgari] |
| Camboya (f) | Cambodge (m) | [kãbɔdʒ] |
| Canadá (f) | Canada (m) | [kanada] |
| Chequia (f) | République (f) Tchèque | [repyblik tʃɛk] |
| Chile (m) | Chili (m) | [ʃili] |
| China (f) | Chine (f) | [ʃin] |
| Chipre (m) | Chypre (m) | [ʃipr] |
| Colombia (f) | Colombie (f) | [kɔlõbi] |
| Corea (f) del Norte | Corée (f) du Nord | [kɔre dy nɔr] |
| Corea (f) del Sur | Corée (f) du Sud | [kɔre dy syd] |
| Croacia (f) | Croatie (f) | [krɔasi] |
| Cuba (f) | Cuba (f) | [kyba] |
| Dinamarca (f) | Danemark (m) | [danmark] |
| Ecuador (m) | Équateur (m) | [ekwatœr] |
| Egipto (m) | Égypte (f) | [eʒipt] |
| Emiratos (m pl) Árabes Unidos | Fédération (f) des Émirats Arabes Unis | [federasjõ dezemira arabzyni] |
| Escocia (f) | Écosse (f) | [ekɔs] |
| Eslovaquia (f) | Slovaquie (f) | [slɔvaki] |
| Eslovenia | Slovénie (f) | [slɔveni] |
| España (f) | Espagne (f) | [ɛspaɲ] |
| Estados Unidos de América (m pl) | les États Unis | [lezeta zyni] |
| Estonia (f) | Estonie (f) | [ɛstɔni] |
| Finlandia (f) | Finlande (f) | [fɛlãd] |
| Francia (f) | France (f) | [frãs] |

## 100. Los países. Unidad 2

| Georgia (f) | Géorgie (f) | [ʒeɔrʒi] |
| Ghana (f) | Ghana (m) | [gana] |
| Gran Bretaña (f) | Grande-Bretagne (f) | [grɑ̃dbrətaɲ] |
| Grecia (f) | Grèce (f) | [grɛs] |
| Haití (m) | Haïti (m) | [aiti] |
| Hungría (f) | Hongrie (f) | [ɔ̃gri] |

| India (f) | Inde (f) | [ɛ̃d] |
| Indonesia (f) | Indonésie (f) | [ɛ̃dɔnezi] |
| Inglaterra (f) | Angleterre (f) | [ɑ̃glətɛr] |
| Irak (m) | Iraq (m) | [irak] |
| Irán (m) | Iran (m) | [irɑ̃] |
| Irlanda (f) | Irlande (f) | [irlɑ̃d] |
| Islandia (f) | Islande (f) | [islɑ̃d] |
| Islas (f pl) Bahamas | Bahamas (f pl) | [baamas] |
| Israel (m) | Israël (m) | [israɛl] |
| Italia (f) | Italie (f) | [itali] |

| Jamaica (f) | Jamaïque (f) | [ʒamaik] |
| Japón (m) | Japon (m) | [ʒapɔ̃] |
| Jordania (f) | Jordanie (f) | [ʒɔrdani] |

| Kazajstán (m) | Kazakhstan (m) | [kazakstɑ̃] |
| Kenia (f) | Kenya (m) | [kenja] |
| Kirguizistán (m) | Kirghizistan (m) | [kirgizistɑ̃] |
| Kuwait (m) | Koweït (m) | [kɔwɛjt] |

| Laos (m) | Laos (m) | [laos] |
| Letonia (f) | Lettonie (f) | [lɛtɔni] |
| Líbano (m) | Liban (m) | [libɑ̃] |
| Libia (f) | Libye (f) | [libi] |
| Liechtenstein (m) | Liechtenstein (m) | [liʃtɛnʃtajn] |
| Lituania (f) | Lituanie (f) | [lituani] |
| Luxemburgo (m) | Luxembourg (m) | [lyksɑ̃bur] |

| Macedonia | Macédoine (f) | [masedwan] |
| Madagascar (m) | Madagascar (f) | [madagaskar] |
| Malasia (f) | Malaisie (f) | [malɛzi] |
| Malta (f) | Malte (f) | [malt] |
| Marruecos (m) | Maroc (m) | [marɔk] |
| Méjico (m) | Mexique (m) | [mɛksikj] |
| Moldavia (f) | Moldavie (f) | [mɔldavi] |
| Mónaco (m) | Monaco (m) | [mɔnako] |
| Mongolia (f) | Mongolie (f) | [mɔ̃gɔli] |
| Montenegro (m) | Monténégro (m) | [mɔ̃tenegro] |
| Myanmar (m) | Myanmar (m) | [mjanmar] |

## 101. Los países. Unidad 3

| Namibia (f) | Namibie (f) | [namibi] |
| Nepal (m) | Népal (m) | [nepal] |

| Noruega (f) | Norvège (f) | [nɔrvɛ3] |
| Nueva Zelanda (f) | Nouvelle Zélande (f) | [nuvɛl zelɑ̃d] |

| Países Bajos (m pl) | Pays-Bas (m) | [peiba] |
| Pakistán (m) | Pakistan (m) | [pakistɑ̃] |
| Palestina (f) | Palestine (f) | [palɛstin] |
| Panamá (f) | Panamá (m) | [panama] |
| Paraguay (m) | Paraguay (m) | [paragwɛ] |
| Perú (m) | Pérou (m) | [peru] |
| Polinesia (f) Francesa | Polynésie (f) Française | [pɔlinezi frɑ̃sɛz] |
| Polonia (f) | Pologne (f) | [pɔlɔɲ] |
| Portugal (f) | Portugal (m) | [pɔrtygal] |

| República (f) Dominicana | République (f) Dominicaine | [repyblik dɔminikɛn] |
| República (f) Sudafricana | République (f) Sud-africaine | [repyblik sydafrikɛn] |
| Rumania (f) | Roumanie (f) | [rumani] |
| Rusia (f) | Russie (f) | [rysi] |

| Senegal | Sénégal (m) | [senegal] |
| Serbia (f) | Serbie (f) | [sɛrbi] |
| Siria (f) | Syrie (f) | [siri] |
| Suecia (f) | Suède (f) | [sɥɛd] |
| Suiza (f) | Suisse (f) | [sɥis] |
| Surinam (m) | Surinam (m) | [syrinam] |

| Tayikistán (m) | Tadjikistan (m) | [tadʒikistɑ̃] |
| Tailandia (f) | Thaïlande (f) | [tajlɑ̃d] |
| Taiwán (m) | Taïwan (m) | [tajwan] |
| Tanzania (f) | Tanzanie (f) | [tɑ̃zani] |
| Tasmania (f) | Tasmanie (f) | [tasmani] |
| Túnez (m) | Tunisie (f) | [tynizi] |
| Turkmenia (f) | Turkménistan (m) | [tyrkmenistɑ̃] |
| Turquía (f) | Turquie (f) | [tyrki] |

| Ucrania (f) | Ukraine (f) | [ykrɛn] |
| Uruguay (m) | Uruguay (m) | [yrygwɛ] |
| Uzbekistán (m) | Ouzbékistan (m) | [uzbekistɑ̃] |
| Vaticano (m) | Vatican (m) | [vatikɑ̃] |
| Venezuela (f) | Venezuela (f) | [venezɥela] |
| Vietnam (m) | Vietnam (m) | [vjɛtnam] |
| Zanzíbar (m) | Zanzibar (m) | [zɑ̃zibar] |

Made in the USA
San Bernardino, CA
29 July 2019